学ぶ人は、
変えて
ゆく人だ。

目の前にある問題はもちろん、

人生の問いや、

社会の課題を自ら見つけ、

挑み続けるために、人は学ぶ。

「学び」で、

少しずつ世界は変えてゆける。

いつでも、どこでも、誰でも、

学ぶことができる世の中へ。

旺文社

JN052053

文部科学省後援

英検®準1級
でる順パス単

クイックチェック

旺文社

はじめに

英検の対策をするうえで単語学習はとても重要です。しかし「単語がなかなか覚えられない」「単語集を何度見てもすぐに忘れてしまう」という悩みを抱える方は多いのではないでしょうか。『英検準1級　でる順パス単クイックチェック』は，そういった学習の悩みを抱える方に向けた単語学習のサポート教材です。本書は単語集を見るだけではなく「解いて覚える」単語学習を通して記憶の定着をサポートします。

本書は『英検準1級　でる順パス単［5訂版］』に収録されている見出し語1900語（単語・熟語）のチェック問題をSectionごとに収録しています。特長は，以下の3つです。

❶ 1回10分のチェック問題で気軽に取り組める
❷ さまざまな問題形式で多角的に単熟語を学習できる
❸ 英検形式の問題（筆記1）で実戦的な力もつけることができる

学習した単熟語の記憶を使って問題を解くことは，記憶を長期的に残すためにとても効果的な方法です。ただ単語集を見てそのままにしておくのではなく，本書を使って継続的に学習を進め，しっかり記憶を定着させていってください。本書での学習が皆さんの英検合格につながることを心より願っています。

 本書とセットで使うと効果的な
書籍のご紹介

英検準1級　でる順パス単［5訂版］

本書で出題される単熟語は単語集『英検準1級　でる順パス単［5訂版］』の見出し語（単語・熟語）に基づいています。単語集で単熟語を学習してから，本書のチェック問題を解けば定着度がさらにアップ！

もくじ

単語編

でる度 **A** よくでる重要単語・**500**

でる度 **B** 覚えておきたい単語・**500**

問題作成・編集協力：株式会社シー・レップス
編集協力：鹿島由紀子，Jason A. Chau，株式会社鷗来堂
装丁デザイン：内津剛（及川真咲デザイン事務所）
本文デザイン：伊藤幸恵　　イラスト：三木謙次
録音：ユニバ合同会社
ナレーション：Howard Colefield, Chris Koprowski, Julia Yermakov, 大武芙由美

本書の構成

本書は『英検準1級 でる順パス単[5訂版]』に収録されている見出し語1900語（単語・熟語）について，定着が手軽に確認できるチェック問題をSectionごとに収録しています。

チェック問題

1回の学習は2ページ・10分程度。各Section内で少しずつ難しい問題形式へとステップアップしていきます。各ページ右端に答えが掲載されているので付属の赤セルシートで隠して解答しましょう。

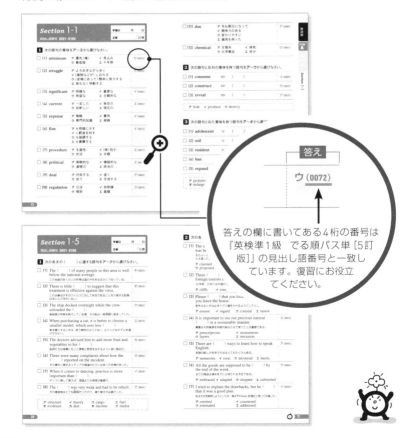

答えの欄に書いてある4桁の番号は『英検準1級 でる順パス単[5訂版]』の見出し語番号と一致しています。復習にお役立てください。

【音声問題】音声を聞けない場合でも解答は可能です。(※)

音声を聞いて答える問題です。
🎧マークの列まで赤セルシートで
隠して答えましょう。
(音声については p.8参照)

※音声を聞かずに解く場合
🎧マーク付きの語句を赤セルシー
トで隠さず見て解答します。

英検形式にチャレンジ!

各でる度の最後には実際の試験(筆記1)と同じ形式の実戦問題を収録しています。

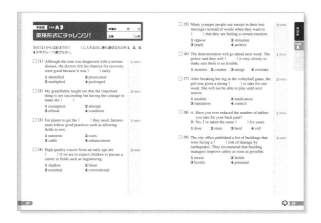

音声について

**本書の音声問題の音声は
次の2種類の方法でお聞きいただけます。**

パソコンで
音声データ（MP3）をダウンロード

1 以下のURLから，Web特典にアクセス

URL：**https://eiken.obunsha.co.jp/p1q/**

2 本書を選び，以下の利用コードを入力してダウンロード

xbeqtm ※全て半角アルファベット小文字

3 ファイルを展開して，オーディオプレーヤーで再生

音声ファイルはzip形式にまとめられた形でダウンロードされます。
展開後，デジタルオーディオプレーヤーなどで再生してください。

※音声の再生にはMP3を再生できる機器などが必要です。
※ご使用機器，音声再生ソフト等に関する技術的なご質問は，ハードメーカーもしくはソフトメーカーにお願いいたします。
※本サービスは予告なく終了することがあります。

公式アプリ
「英語の友」（iOS/Android）で再生

1 「英語の友」公式サイトより，アプリをインストール

URL：**https://eigonotomo.com/**

🔍 英語の友

左記の2次元コードから読み込めます。

2 アプリ内のライブラリより本書を選び，「追加」ボタンをタップ

アプリなら
音声問題（）以外の見出し語も聞けます
※音声データ（MP3）のダウンロードはありません。

ご利用方法

(1) p.8「公式アプリ『英語の友』（iOS/Android）で再生」と同じ手順
②で『**英検準1級 でる順パス単[5訂版]**』を「追加」

⚠ 書名を間違えないようご注意ください。

(2) 画面下の「単語」をタップして「単語モード」で音声再生

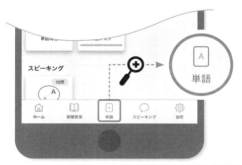

※デザイン，仕様等は予告なく変更される場合があります。

⚠ 「書籍音源モード」には対応していません。「単語モード」を選んで再生してください。

⚠ 本書の答えの横に書いてある4桁の番号が『英検準1級 でる順パス単[5訂版]』の見出し語番号と一致しています。

※本アプリの機能の一部は有料ですが，本書の音声は無料でお聞きいただけます。
※詳しいご利用方法は「英語の友」公式サイト，あるいはアプリ内のヘルプをご参照ください。
※本サービスは予告なく終了することがあります。

単語編

よくでる重要単語 ● **500**

1 次の語句の意味を**ア**~**エ**から選びなさい。

☐ (1) minimum	ア 優先 (権) イ 見込み ウ 最低限 エ 千年祭	ウ (0072)
☐ (2) struggle	ア よろめきながら歩く イ (植物などが) しおれる ウ (逆境にあって) 懸命に努力する エ 音もなく移動する	ウ (0025)
☐ (3) significant	ア 明確な イ 重要な ウ 有益な エ 主観的な	イ (0086)
☐ (4) current	ア 一定した イ 架空の ウ 目新しい エ 現在の	エ (0084)
☐ (5) expense	ア 策略 イ 費用 ウ 専門的知識 エ 根拠	イ (0068)
☐ (6) fine	ア を明確に示す イ に罰金を科す ウ を強調する エ を賞賛する	イ (0013)
☐ (7) procedure	ア 生産性 イ (商) 取引 ウ 状況 エ 手順	エ (0071)
☐ (8) political	ア 実戦的な イ 懐疑的な ウ 道徳の エ 政治の	エ (0085)
☐ (9) deal	ア 対処する イ 退く ウ 従う エ 交流する	ア (0008)
☐ (10) regulation	ア 立法 イ 放射線 ウ 規則 エ 基盤	ウ (0075)

□ (11) due	ア 支払期日になって イ 競争力のある ウ 変わりやすい エ 偏見を持った		ア (0089)
□ (12) chemical	ア 生態系 ウ 化学薬品	イ 排気 エ 成分	ウ (0051)

2 次の語句と反対の意味を持つ語句を**ア~ウ**から選びなさい。

□ (1) consume	⇔	( )	イ (0009)
□ (2) construct	⇔	( )	ウ (0022)
□ (3) reveal	⇔	( )	ア (0029)

ア hide　イ produce　ウ destroy

3 次の語句と似た意味を持つ語句を**ア~オ**から選びなさい。

□ (1) adolescent	≒	( )	イ (0070)
□ (2) soil	≒	( )	ウ (0081)
□ (3) resident	≒	( )	エ (0036)
□ (4) ban	≒	( )	ア (0079)
□ (5) expand	≒	( )	オ (0019)

ア prohibition　イ teenager　ウ earth　エ inhabitant
オ enlarge

1 次の語句の意味を**ア**〜**エ**から選びなさい。

□ (1) affect	ア の責任を負わせる イ を(効果的に)利用する ウ を大事にする エ に影響を及ぼす	エ (0002)
□ (2) criminal	ア 浮浪者　　イ 祖先 ウ 犯人　　　エ 君主	ウ (0057)
□ (3) effective	ア 急進的な　　イ 効果的な ウ 現実的な　　エ 悲惨な	イ (0087)
□ (4) decline	ア 由来する　　イ 努力する ウ 辞任する　　エ 減少する	エ (0015)
□ (5) site	ア 範囲　　イ 地階 ウ 用地　　エ 破片	ウ (0032)
□ (6) bill	ア 誓い　　イ 請求書 ウ 投票　　エ 構造物	イ (0044)
□ (7) overall	ア 上級の　　イ 普遍的な ウ 法外な　　エ 全体的な	エ (0097)
□ (8) associate	ア を業務委託する イ を結びつけて考える ウ を引用する エ を任命する	イ (0027)
□ (9) measure	ア 措置　　イ 特色 ウ 賛辞　　エ 点検	ア (0063)

2 下線部の語句の意味を**ア**〜**ウ**から選びなさい。

☐ (1) purchase several new **aircraft** ア 工芸品　　イ 武器　　ウ 航空機	ウ (0083)
☐ (2) pay more **taxes** ア 内金　　イ 注意　　ウ 税金	ウ (0041)
☐ (3) **issue** a statement ア を訴える　イ を改正する　ウ (声明など)を出す	ウ (0005)
☐ (4) have two **options** ア 理論　　イ 選択肢　　ウ 迂回 (路)	イ (0037)
☐ (5) the **entire** tourism industry ア 全体の　　イ 潜在的な　　ウ 多様な	ア (0099)
☐ (6) the **subject** of an experiment ア 監視員　　イ 責任者　　ウ 被験者	ウ (0064)
☐ (7) **present** the data ア を提示する　イ を送る　　ウ を反映する	ア (0010)
☐ (8) **extreme** weather conditions ア 穏やかな　　イ 長期的な　　ウ 極端な	ウ (0094)
☐ (9) **register** a birth ア を促進する　イ を登録する　ウ を制限する	イ (0028)
☐ (10) a new sports **facility** ア 施設　　イ 検査　　ウ 規制	ア (0034)
☐ (11) the **employment** rate ア 生産性　　イ 雇用　　ウ 普及	イ (0078)
☐ (12) sign a **contract** ア 内容　　イ (必要)書類　　ウ 契約 (書)	ウ (0076)

訳 (1) 新しい航空機を数機購入する　(2) より多くの税金を払う　(3) 声明を出す
(4) 2つの選択肢がある　(5) 観光業界全体　(6) 実験の被験者　(7) データを提示する　(8) 異常気象
(9) 出生届けを出す　(10) 新しいスポーツ施設　(11) 就業率　(12) 契約書に署名する

1 次の語句の意味を**ア**～**エ**から選びなさい。

□ 〔1〕 critic	ア 批判する人 イ 外科医 ウ 犯罪者 エ 難民	ア (0039)
□ 〔2〕 general	ア 適度な　　イ 本物の ウ 確実な　　エ 全体の	エ (0095)
□ 〔3〕 occur	ア（記憶などが徐々に）消えていく イ（予期しない出来事が）起こる ウ（権利などの）期限が切れる エ（時間などが）一部かち合う	イ (0007)
□ 〔4〕 last	ア 順応する　　イ 現れる ウ 集まる　　　エ 続く	エ (0001)
□ 〔5〕 aid	ア 保管　　イ 援助 ウ 病状　　エ 動機	イ (0062)
□ 〔6〕 budget	ア 予算（案） イ 医薬品 ウ 予防 エ 記念品	ア (0058)
□ 〔7〕 regard	ア を見なす イ を後悔する ウ を思い出す エ を輸入する	ア (0012)
□ 〔8〕 agricultural	ア 田舎の　　イ 中世の ウ 植物の　　エ 農業の	エ (0096)

2 下線部の語句の意味を答えなさい。

☐ **(1)** in the western **region**
西部（　　　）に

地域 (0040)

☐ **(2)** a **shortage** of workers
労働者の（　　　）

不足 (0055)

☐ **(3)** a **military** base
（　　　）基地

軍事 (0088)

☐ **(4)** **indicate** the best route
一番よい行き方（を　　　）

を指し示す (0017)

☐ **(5)** local business **practices**
地元のビジネス（　　　）

慣行 (0035)

☐ **(6)** **invest** their life savings
貯めてきたお金（を　　　）

を投資する (0023)

☐ **(7)** a number of **factors**
いくつかの（　　　）

要因 (0049)

☐ **(8)** the cost of car **insurance**
自動車（　　　）の費用

保険 (0077)

☐ **(9)** pay an **additional** charge
（　　　）料金を払う

追加 (0098)

☐ **(10)** open a bank **account**
銀行（　　　）を開設する

口座 (0047)

☐ **(11)** **purchase** a plane ticket
航空券（を　　　）

を購入する (0006)

☐ **(12)** deliver essential **supplies**
不可欠な（　　　）を届ける

生活必需品 (0054)

1 音声を聞いて語句の意味を**ア〜エ**から選びなさい。
(音声が聞けない場合は語句を見て選びなさい)

ア (動植物の)臓器，器官 イ ウイルス ウ 車 エ 雰囲気	□ (1) 🎧 vehicle	ウ (0080)
	□ (2) 🎧 organ	ア (0038)
	□ (3) 🎧 atmosphere	エ (0061)
	□ (4) 🎧 virus	イ (0043)

2 音声を聞いて語句の意味を**ア〜ウ**から選びなさい。
(音声が聞けない場合は語句を見て選びなさい)

□ (1) ア を追跡する イ を(真剣に)試みる ウ (問題など)を扱う	🎧 address	ウ (0020)
□ (2) ア 細胞　イ 倉庫　ウ 穀物	🎧 cell	ア (0033)
□ (3) ア (関係)当局　イ 検死 ウ 著名人	🎧 authority	ア (0059)
□ (4) ア を支配する　イ を取り除く ウ を分類する	🎧 eliminate	イ (0016)
□ (5) ア 違法の　　イ 不合理な ウ 紛らわしい	🎧 illegal	ア (0091)
□ (6) ア を悩ます　イ を突き通す ウ を解雇する	🎧 fire	ウ (0011)

□ (7) ア 細菌　イ ゲノム 　　ウ （社会的・文化的）性別	🎧 genome	イ (0060)
□ (8) ア 安全な 　　イ （天候・損害などが）ひどい 　　ウ 穏やかな	🎧 severe	イ (0100)
□ (9) ア 接近（の手段） 　　イ 事象 　　ウ 代理手数料	🎧 access	ア (0042)

3 音声を聞いて（　　　）に適切なものを答えなさい。
（音声が聞けない場合は語句を見て答えなさい）

□ (1) （　　）切れ	🎧 out of **stock** 在庫 (0050)
□ (2) （　　）の中で暮らす	🎧 live in **poverty** 貧困 (0056)
□ (3) ビザ（を　　　）	🎧 **obtain** a visa を取得する (0024)
□ (4) 核（　　）を保管する	🎧 store nuclear **weapons** 兵器 (0066)
□ (5) 口座に支払い（を　　）	🎧 **transfer** payment into an account を送金する (0014)
□ (6) カブトムシの新（　　）	🎧 a new **species** of beetle 種 (0030)
□ (7) とても強い（　　）系	🎧 a very strong **immune** system 免疫 (0092)

1 次の各文の（　　　）に適する語句を**ア～ク**から選びなさい。

☐ (1) The (　　　) of many people in this area is well below the national average.　　　**キ**(0053)

　　この地域の多くの人の所得は国の平均をはるかに下回っている。

☐ (2) There is little (　　　) to suggest that this treatment is effective against the virus.　　　**オ**(0045)

　　この治療法がそのウイルスに対して有効であることを示唆する証拠はほとんど存在しない。

☐ (3) The ship docked overnight while the crew unloaded the (　　　).　　　**ウ**(0082)

　　乗組員が荷物を降ろしている間，その船は一晩埠頭(ふとう)に留まっていた。

☐ (4) When purchasing a car, it is better to choose a smaller model, which uses less (　　　).　　　**エ**(0073)

　　車を購入するときは，使う燃料がより少ない，より小さなモデルを選ぶ方がよい。

☐ (5) The doctors advised him to add more fruit and vegetables to his (　　　).　　　**カ**(0031)

　　医師たちは食事にもっと果物と野菜を加えるように彼に勧めた。

☐ (6) There were many complaints about how the (　　　) reported on the incident.　　　**ク**(0052)

　　その事件に関するメディアの報道の仕方には多くの苦情があった。

☐ (7) When it comes to dancing, practice is more important than (　　　).　　　**イ**(0048)

　　ダンスに関して言えば，理論よりも実践が重要だ。

☐ (8) The (　　　) was very weak and had to be rebuilt.　　　**ア**(0069)

　　その建造物はとても脆弱(ぜいじゃく)だったので，建て替えが必要だった。

ア structure	**イ** theory	**ウ** cargo	**エ** fuel
オ evidence	**カ** diet	**キ** income	**ク** media

2 次の各文の（　　　）に適する語句を**ア**～**エ**から選びなさい。

☐ (1) The manufacturer (　　　) that their product was better than others on the market.

そのメーカーは自社の製品が市販されるほかの製品より優れていると主張した。

ア claimed　　　　　　　イ extended
ウ proposed　　　　　　エ encountered

ア (0003)

☐ (2) Three (　　　) ago, there were far fewer foreign tourists in Japan.

30年前，日本には外国からの観光客がはるかに少なかった。

ア cliffs　　イ eras　　ウ decades　　エ unions

ウ (0065)

☐ (3) Please (　　　) that you lock the door when you leave the house.

家を出るときは必ずドアに鍵をかけるようにしてください。

ア ensure　　イ regard　　ウ conceal　　エ renew

ア (0018)

☐ (4) It is important to use our precious natural (　　　) in a sustainable manner.

貴重な天然資源を持続可能な方法で使うことは重要である。

ア prescriptions　　　　イ monuments
ウ layers　　　　　　　エ resources

エ (0074)

☐ (5) There are (　　　) ways to learn how to speak English.

英語の話し方を学ぶ方法はとてもたくさんある。

ア numerous　　イ rural　　ウ universal　　エ hectic

ア (0093)

☐ (6) All the goods are supposed to be (　　　) by the end of the week.

全ての商品は週末までに出荷される予定である。

ア embraced　イ adapted　　ウ shipped　　エ submitted

ウ (0004)

☐ (7) I tried to explain the drawbacks, but he (　　　) that it was a good plan.

私は欠点を説明しようとしたが，彼はそれはよい計画だと言って反論した。

ア omitted　　　　　　　イ countered
ウ estimated　　　　　　エ addressed

イ (0026)

1 次の語句の意味を**ア**~**エ**から選びなさい。

☐ (1) figure	ア 描写	イ 運命	ウ 部分	エ 人物	エ (0127)
☐ (2) ad	ア 同意	イ ノルマ	ウ 有効性	エ 広告	エ (0142)
☐ (3) limited	ア 限定された	イ 違法の	ウ 複雑な	エ 着実な	ア (0183)
☐ (4) theft	ア 防止	イ 盗み	ウ 直径	エ 存在	イ (0130)
☐ (5) organism	ア 病原菌	イ 分子	ウ 有機体	エ 臓器	ウ (0157)
☐ (6) direct	ア を案内する	イ を実施する	ウ を習得する	エ を改革する	ア (0107)
☐ (7) refund	ア 節約	イ 返金	ウ 運賃	エ 負債	イ (0160)
☐ (8) breed	ア 銘柄	イ 雑種	ウ 品種	エ 微生物	ウ (0154)
☐ (9) boost	ア に穴をあける イ を調節する ウ を増加させる エ のせいにする				ウ (0112)
☐ (10) bystander	ア 監督者	イ 傍観者	ウ 後継者	エ 権威者	イ (0170)
☐ (11) tribe	ア 部族	イ 祖先	ウ 儀式	エ 小道	ア (0173)
☐ (12) competitive	ア 不器用な	イ 競争力のある	ウ 機械的な	エ 親密な	イ (0196)

2 次の語句と反対の意味を持つ語句を**ア～エ**から選びなさい。

☐ (1) immigrant	⇔	(	)		イ (0135)
☐ (2) quantity	⇔	(	)		ウ (0141)
☐ (3) prey	⇔	(	)		ア (0169)
☐ (4) permission	⇔	(	)		エ (0174)

ア predator　**イ** native　**ウ** quality　**エ** prohibition

3 次の語句と似た意味を持つ語句を**ア～エ**から選びなさい。

☐ (1) fit	≒	(	)		エ (0190)
☐ (2) risky	≒	(	)		ウ (0194)
☐ (3) complex	≒	(	)		ア (0195)
☐ (4) immediate	≒	(	)		イ (0197)

ア complicated　**イ** instant　**ウ** dangerous　**エ** healthy

1 次の語句の意味を**ア~エ**から選びなさい。

☐ (1) institution	ア 破壊		イ 機関		イ	(0129)
	ウ 継続		エ 寸法			

☐ (2) target	ア を移す	ウ (0117)
	イ を誇張する	
	ウ を目標とする	
	エ を推奨する	

☐ (3) waterfall	ア 崖		イ 入江	エ	(0166)
	ウ 源泉		エ 滝		

☐ (4) related	ア 孤立した	ウ (0199)
	イ 権限のない	
	ウ 関連した	
	エ 明確な	

☐ (5) candidate	ア 候補者		イ 居住者	ア	(0131)
	ウ 部外者		エ 先駆者		

☐ (6) barrier	ア 兵器	イ (0175)
	イ 障害 (物)	
	ウ (完全な) 分離	
	エ 放出 (物)	

☐ (7) defeat	ア に遭遇する	ウ (0115)
	イ を吸い込む	
	ウ を負かす	
	エ を消費する	

☐ (8) executive	ア 重役		イ 教育者	ア	(0148)
	ウ 委員会		エ 管理人		

☐ (9) minor	ア 臨時の		イ 真正の	エ	(0193)
	ウ 不要な		エ 小さい		

2 下線部の語句の意味を**ア**～**ウ**から選びなさい。

- [ ] (1) **vote** in local elections　　　　　　　ア (0103)
  ア 投票する　　イ 向かう　　ウ 協力する

- [ ] (2) **migrate** to California　　　　　　　ウ (0120)
  ア 通勤する　　イ 行き来する　　ウ 移住する

- [ ] (3) an **eruption** of violence　　　　　　ウ (0140)
  ア 証拠　　イ 形跡　　ウ 勃発

- [ ] (4) **beneficial** to health　　　　　　　イ (0186)
  ア 危険な　　イ 有益な　　ウ 害のない

- [ ] (5) the American **embassy**　　　　　　イ (0179)
  ア 国土　　イ 大使館　　ウ 選挙

- [ ] (6) **conduct** a survey　　　　　　　　イ (0106)
  ア を分類する　　イ を実施する　　ウ を引き出す

- [ ] (7) **property** prices　　　　　　　　　ウ (0136)
  ア 広告　　イ 見込み　　ウ 不動産

- [ ] (8) the **Arctic** explorers　　　　　　　ウ (0192)
  ア 特定の　　イ 外国の　　ウ 北極の

- [ ] (9) **absorb** a lot of liquid　　　　　　ウ (0108)
  ア を保持する　　イ を捨てる　　ウ を吸収する

- [ ] (10) a new sales **strategy**　　　　　　イ (0149)
  ア 利用の機会　　イ 戦略　　ウ 結果

訳 (1) 地方選挙で投票する　(2) カリフォルニアに移住する　(3) 暴力事件の発生
(4) 健康に有益な　(5) アメリカ大使館　(6) 調査を実施する　(7) 不動産価格　(8) 北極探検隊
(9) 大量の液体を吸収する　(10) 新たな販売戦略

1 次の語句の意味を**ア**～**エ**から選びなさい。

□ 〔1〕 economist	ア 考古学者　　イ 経済学者 ウ 生態学者　　エ 人類学者	イ (0133)
□ 〔2〕 warehouse	ア 家畜小屋 イ 地下室 ウ 分譲マンション エ 倉庫	エ (0159)
□ 〔3〕 affordable	ア 思いがけない イ わずかな ウ 食用の エ 手ごろな	エ (0200)
□ 〔4〕 oppose	ア を指し示す イ を提案する ウ に反対する エ に付き添う	ウ (0119)
□ 〔5〕 symptom	ア 障害 イ 症状 ウ 処方 エ （薬の1回の）服用量	イ (0139)
□ 〔6〕 predict	ア を拒絶する イ を罰する ウ （法案）を制定する エ を予測する	エ (0125)
□ 〔7〕 saving	ア 節約　　イ 税金 ウ 循環　　エ 署名	ア (0143)
□ 〔8〕 appearance	ア 外観　　イ 観点 ウ 正確さ　　エ 濃度	ア (0178)
□ 〔9〕 emission	ア 予算　　イ 排気 ウ 燃料　　エ 事業	イ (0147)

2 下線部の語句の意味を答えなさい。

□ (1) a **victim** of crime
犯罪の(　　　)
被害者 (0163)

□ (2) a **radical** reorganization
(　　　)再編成
根本的な (0188)

□ (3) **operate** new machinery
新しい機械(を　　　)
を操作する (0110)

□ (4) an allergy **sufferer**
アレルギーに(　　　)
苦しむ人 (0146)

□ (5) **analyze** the data
データ(を　　　)
を分析する (0121)

□ (6) **religious** beliefs
(　　　)信条
宗教上の (0198)

□ (7) a wide **range** of topics
広(　　　)にわたるトピック
範囲 (0162)

□ (8) the early **civilizations** of Greece
ギリシャの古代(　　　)
文明 (0172)

□ (9) in many **rural** areas
多くの(　　　)地帯で
田園 (0184)

□ (10) **confirm** the identity of the suspect
容疑者の身元(を　　　)
を確認する (0123)

□ (11) **intend** to buy a house
家を買う(　　　)
つもりである (0124)

□ (12) a **long-term** effect
(　　　)影響
長期にわたる (0191)

1 音声を聞いて語句の意味を**ア**~**エ**から選びなさい。
(音声が聞けない場合は語句を見て選びなさい)

> **ア** 遺伝子の
> **イ** 暴動
> **ウ** タンパク質
> **エ** 哺乳動物

☐ (1)	🎧 riot		**イ** (0150)
☐ (2)	🎧 protein		**ウ** (0134)
☐ (3)	🎧 genetic		**ア** (0187)
☐ (4)	🎧 mammal		**エ** (0132)

2 音声を聞いて語句の意味を**ア**~**ウ**から選びなさい。
(音声が聞けない場合は語句を見て選びなさい)

☐ (1)	**ア** に知らせる **イ** を変える **ウ** を取り戻す	🎧 alter	**イ** (0101)
☐ (2)	**ア** 規則 **イ** 授業料 **ウ** 栄養(物)	🎧 tuition	**イ** (0161)
☐ (3)	**ア** を解雇する **イ** を決定する **ウ** を実演してみせる	🎧 demonstrate	**ウ** (0111)
☐ (4)	**ア** と推定する **イ** に値する **ウ** を決定する	🎧 determine	**ウ** (0104)
☐ (5)	**ア** 瞑想 **イ** 脅威 **ウ** 連立	🎧 threat	**イ** (0145)
☐ (6)	**ア** 衝突 **イ** 免除 **ウ** 貢献	🎧 conflict	**ア** (0155)
☐ (7)	**ア** (に)抗議する **イ** (を)承認する **ウ** (を)切望する	🎧 protest	**ア** (0116)

□ 〔8〕 ア 生き物　イ 中身　ウ 特徴 🎧 creature ア(0171)

3 音声を聞いて（　　　）に適切なものを答えなさい。
（音声が聞けない場合は語句を見て答えなさい）

□ 〔1〕 いくつかの新たな規則
（を　　　）
🎧 **adopt** several new rules
を採用する(0102)

□ 〔2〕 ジャイアントパンダの自然
の（　　　）
🎧 the giant panda's natural **habitat**
生息場所(0138)

□ 〔3〕 敵の基地を見つけるのに
（　　　）を使用する
🎧 use **drones** to locate an enemy base
ドローン(0177)

□ 〔4〕 自然（を　　　）
🎧 **preserve** nature
を保護する(0118)

□ 〔5〕 活気ある歓楽（　　　）
🎧 a lively entertainment **district**
街(0151)

□ 〔6〕 （　　　）保健医療制度
🎧 an **advanced** healthcare system
進歩した(0185)

□ 〔7〕 店の営業時間（を　　　）
🎧 **extend** the store's opening hours
を延長する(0126)

□ 〔8〕 ダーウィンの（　　　）論
🎧 Darwin's theory of **evolution**
進化(0168)

1 次の各文の（　　　）に適する語句を**ア**～**ク**から選びなさい。
（ただし，文頭にくる語句も小文字になっています）

☐ (1) We are trying to think of ways to increase
（　　　）.
ア (0156)

私たちは，生産性を向上させる方法を考え出そうと努力している。

☐ (2) Many of the people living on the island
commute to work on the（　　　）.
ウ (0165)

その島に住む人の多くは，本土へ通勤している。

☐ (3) The manager arranged（　　　）for the client.
ク (0128)

マネージャーは，顧客のために移動手段の手配をした。

☐ (4) The first（　　　）was launched by the Soviet
Union in 1957.
カ (0167)

最初の人工衛星はソビエト連邦によって1957年に打ち上げられた。

☐ (5) The volunteers rescued birds and other（　　　）
from the forest fires.
キ (0181)

ボランティアは鳥やその他の野生生物を森林火災から救った。

☐ (6) Where will they get the（　　　）to pay for the
new school?
エ (0137)

その新しい学校のための資金を彼らはどこから調達するのだろうか。

☐ (7) （　　　）of the Football Association met to
discuss the player's suspension.
オ (0158)

フットボール協会の代表者は，その選手の出場停止について話し合う
ために会合を開いた。

☐ (8) People's（　　　）were badly affected by the
economic situation in the country.
イ (0176)

人々の賃金は国の経済状況にひどく影響を受けた。

ア productivity	**イ** wages	**ウ** mainland	**エ** funds
オ representatives	**カ** satellite	**キ** wildlife	**ク** transportation

2 次の各文の（　　　）に適する語句を**ア～エ**から選びなさい。

□ **(1)** The number of people who voted in the last
（　　　）was very low.　　　　　　　　　　イ (0152)

前回の選挙で投票した人の数は非常に少なかった。

ア administration　　　　**イ** election
ウ foundation　　　　　　**エ** reception

□ **(2)** Employees may be（　　　）to the idea of hiring
more part-time workers.　　　　　　　　　ア (0189)

パートタイム労働者をもっとたくさん雇うという考え方に，従業員は
反感を抱くかもしれない。

ア hostile　**イ** unfamiliar　**ウ** essential　**エ** reluctant

□ **(3)** The treatment（　　　）to be more effective than
doctors had hoped.　　　　　　　　　　　エ (0113)

その治療法は医者たちが望んでいた以上に効果があることが分かった。

ア approved　　　　　　　**イ** pretended
ウ presumed　　　　　　　**エ** proved

□ **(4)** It is hoped that the new system will（　　　）us
to work more efficiently.　　　　　　　　エ (0105)

新しいシステムにより，我々がより効率的に仕事ができるようになる
ことが期待されている。

ア intend　　**イ** urge　　　**ウ** compel　**エ** enable

□ **(5)** Several dinosaur（　　　）have been discovered
in this area recently.　　　　　　　　　　ア (0180)

最近この地域でいくつかの恐竜の骨格が発見された。

ア skeletons　**イ** breeds　　**ウ** vessels　　**エ** polls

□ **(6)** The aim of this campaign is to（　　　）young
people from drinking.　　　　　　　　　　ウ (0122)

このキャンペーンの目的は，若者たちに飲酒を思いとどまらせることだ。

ア eliminate　**イ** resign　**ウ** discourage　**エ** expel

□ **(7)** Under the new agreement, no one is allowed to
enter the（　　　）without a valid visa.　　イ (0144)

新しい協定の下では，有効なビザがなければ誰もその領土に入ること
を許されない。

ア burial　　**イ** territory　**ウ** pathway　**エ** resident

1 次の語句の意味を**ア**~**エ**から選びなさい。

☐ (1) renew	ア を洗練する イ を再開する ウ を複製する エ を取り除く			イ (0218)
☐ (2) assistance	ア 援助 ウ 評判	イ 要因 エ 正義		ア (0231)
☐ (3) psychology	ア 統計学 ウ 幾何学	イ 心理学 エ 物理学		イ (0251)
☐ (4) sufficient	ア 傲慢な ウ 十分な	イ 忠実な エ 精巧な		ウ (0287)
☐ (5) constantly	ア 概して ウ 慎重に	イ 確かに エ 絶えず		エ (0294)
☐ (6) lessen	ア を悪化させる イ を減らす ウ を固く締める エ を負かす			イ (0202)
☐ (7) mine	ア 鉱山 ウ 開拓地	イ 化石 エ 埠頭		ア (0242)
☐ (8) workforce	ア 職場 ウ 商社	イ 総従業員 エ 仕事仲間		イ (0259)
☐ (9) inhabitant	ア 使用人 ウ 居住者	イ 子孫 エ 小作人		ウ (0262)
☐ (10) reputation	ア (技術)革新 ウ 福祉	イ 評判 エ 共同		イ (0224)
☐ (11) aggressive	ア 極端な ウ 重要な	イ 致命的な エ 攻撃的な		エ (0283)

□ (12) qualified	ア 元気な	イ 営利的な	ウ (0268)
	ウ 有能な	エ 永遠の	

2 次の語句と反対の意味を持つ語句を**ア〜エ**から選びなさい。

□ (1) enormous	⇔	(	)	イ (0272)
□ (2) widespread	⇔	(	)	エ (0269)
□ (3) mechanical	⇔	(	)	ア (0281)
□ (4) former	⇔	(	)	ウ (0278)

> ア manual　イ tiny　ウ present　エ limited

3 次の語句と似た意味を持つ語句を**ア〜エ**から選びなさい。

□ (1) consequently	≒	(	)	ア (0293)
□ (2) barely	≒	(	)	ウ (0296)
□ (3) eventually	≒	(	)	エ (0289)
□ (4) previously	≒	(	)	イ (0291)

> ア as a result　イ formerly　ウ only just　エ finally

1 次の語句の意味を**ア**~**エ**から選びなさい。

☐ (1) assignment	ア 通信 ウ 任務	イ 処分 エ 抜粋		ウ (0236)
☐ (2) promotion	ア 発行 ウ 貢献	イ 昇進 エ 依存		イ (0254)
☐ (3) despite	ア ~の手段によって イ ~と一緒に ウ ~にもかかわらず エ ~ごとに			ウ (0297)
☐ (4) adapt	ア 訴える イ 選ぶ ウ (人が) 倒れる エ 順応する			エ (0210)
☐ (5) fossil	ア シロアリ ウ 化石	イ カビ エ くぼみ		ウ (0225)
☐ (6) otherwise	ア そうでなければ イ 前もって ウ その結果 (として) エ まさしく			ア (0290)
☐ (7) feature	ア 斑点 ウ 根拠	イ 特権 エ 特徴		エ (0245)
☐ (8) shift	ア 多様性 ウ 存在	イ 変化 エ 時代		イ (0265)
☐ (9) overlook	ア を大目に見る イ の誤りを証明する ウ を隠す エ を遂行する			ア (0219)

2 下線部の語句の意味を**ア**～**ウ**から選びなさい。

☐ (1) **commute** to school by train — イ (0204)
    ア 歩き回る　　**イ** 通学する　　**ウ** 向かう

☐ (2) **evaluate** the effectiveness of the policy — ウ (0220)
    ア をざっと見る　**イ** を高める　**ウ** を評価する

☐ (3) the level of **radiation** — ウ (0238)
    ア 技能　　　　**イ** 不安　　　**ウ** 放射線

☐ (4) an **artificial** additive — ア (0274)
    ア 人工の　　　**イ** 農業の　　**ウ** 追加の

☐ (5) **commit** a murder — ウ (0221)
    ア を禁じる　　**イ** を刺激する　**ウ** を犯す

☐ (6) **reschedule** the meeting — ウ (0209)
    ア を中止する　**イ** を実施する　**ウ** の日時を変更する

☐ (7) achieve a high **status** — ウ (0226)
    ア 期待　　　　**イ** 生産性　　**ウ** 地位

☐ (8) **flexible** working hours — イ (0276)
    ア 効率的な　**イ** 融通のきく　**ウ**（数量などが）かなりの

☐ (9) win the **lottery** — ア (0244)
    ア 宝くじ　　**イ** 選挙　　　**ウ** 論争

☐ (10) 100 dollars **per** person — イ (0298)
    ア ～経由で　**イ** ～につき　**ウ** ～の下に

☐ (11) get stuck in the **mud** — ウ (0250)
    ア 混雑　　　**イ** さび　　　**ウ** ぬかるみ

訳　(1) 電車で学校へ通う　(2) 政策の効果を評価する　(3) 放射線レベル　(4) 人工添加物
(5) 殺人を犯す　(6) 会議の日時を変更する　(7) 高い地位を得る　(8) 融通のきく労働時間
(9) 宝くじを当てる　(10) 1人につき100ドル　(11) ぬかるみにはまる

1 次の語句の意味を**ア**～**エ**から選びなさい。

□ (1) generate	ア を占領する イ を発生させる ウ を出荷する エ を管理する	イ (0211)
□ (2) workplace	ア 職場 　　イ 用地 ウ 事務局 　エ 投票所	ア (0228)
□ (3) priority	ア 現象 　　イ 優先 (権) ウ 重圧 　　エ 偏見	イ (0239)
□ (4) administration	ア 正義 　　イ 悪習 ウ 局面 　　エ 管理	エ (0255)
□ (5) ingredient	ア 結び目 　イ 材料 ウ 破片 　　エ 炎症	イ (0267)
□ (6) federal	ア 権限のない イ 原子力利用の ウ 連邦政府の エ 競争力のある	ウ (0282)
□ (7) costly	ア 費用のかかる イ 必要不可欠な ウ 魅力的な エ 筋の通った	ア (0288)
□ (8) relatively	ア 厳格に 　イ 法的に ウ 順調に 　エ 比較的 (に)	エ (0292)

2 下線部の語句の意味を答えなさい。

☐ (1) an **unexpected** rainstorm （　　　）暴風雨	思いがけない (0285)
☐ (2) **update** safety regulations 安全規定 (を　　　)	を最新のものに更新する (0214)
☐ (3) **donate** over one million dollars 100万ドル以上 (を　　　)	を寄付する (0201)
☐ (4) a very heated **argument** 非常に白熱した（　　　）	議論 (0222)
☐ (5) **toxic** waste （　　　）廃棄物	有毒な (0275)
☐ (6) **acquire** a new skill 新しい技術 (を　　　)	を習得する (0207)
☐ (7) the city **council** 市 (　　　)	議会 (0234)
☐ (8) arrive at our **destination** （　　　）に到着する	目的地 (0241)
☐ (9) the **latest** technology （　　　）技術	最新の (0277)
☐ (10) **dump** garbage ごみ (を　　　)	を投棄する (0213)
☐ (11) take out a **subscription** （　　　）を申し込む	予約購読 (0263)
☐ (12) a very **capable** lawyer とても（　　　）弁護士	有能な (0279)

1 音声を聞いて語句の意味を**ア**~**エ**から選びなさい。
（音声が聞けない場合は語句を見て選びなさい）

> ア を保証する
> イ ぜいたく（品）
> ウ 借金
> エ 糖尿病

☐ (1)	🎧 diabetes	エ	(0247)
☐ (2)	🎧 luxury	イ	(0232)
☐ (3)	🎧 debt	ウ	(0257)
☐ (4)	🎧 guarantee	ア	(0212)

2 音声を聞いて語句の意味を**ア**~**ウ**から選びなさい。
（音声が聞けない場合は語句を見て選びなさい）

☐ (1) ア 出席者数　イ（職場の）同僚　ウ 部族	🎧 colleague	イ	(0230)
☐ (2) ア を伸ばす　イ を吐き出す　ウ を誇張する	🎧 exaggerate	ウ	(0205)
☐ (3) ア 考古学者　イ 環境保護論者　ウ 建築家	🎧 archaeologist	ア	(0223)
☐ (4) ア 療法　イ 織物　ウ 難民	🎧 refugee	ウ	(0261)
☐ (5) ア 全体の　イ 代替の　ウ 保守的な	🎧 alternative	イ	(0270)
☐ (6) ア（ちょうど）十分な　イ 実践的な　ウ 義務的な	🎧 adequate	ア	(0284)
☐ (7) ア 跡　イ 居住者　ウ 履歴書	🎧 résumé	ウ	(0249)

□ (8) ア ～に加えて イ ～であるのに ウ ～だから　🔊 whereas　イ (0300)

3 音声を聞いて（　　　）に適切なものを答えなさい。
（音声が聞けない場合は語句を見て答えなさい）

□ (1) 昨年の（　　　）冬 | 🔊 last year's harsh winter
厳しい (0271)

□ (2) （　　　）コストを節約する | 🔊 save money on labor costs
労働 (0246)

□ (3) 何頭かのオオカミ（を　　　） | 🔊 reintroduce a number of wolves
を再導入する (0208)

□ (4) 男女の（　　　） | 🔊 equality between men and women
平等 (0229)

□ (5) 世界的（　　　）で働く | 🔊 work for a global corporation
大企業 (0252)

□ (6) （　　　）詳細を議論する | 🔊 discuss the specific details
具体的な (0273)

□ (7) 地表（　　　）に | 🔊 beneath the surface of the earth
の下 (0299)

□ (8) 果物にトマト（を　　　） | 🔊 classify tomatoes as fruits
を分類する (0215)

1 次の各文の（　　　）に適する語句を**ア～ク**から選びなさい。

☐ (1) The entrance (　　　) for this course is a high school diploma.
この講座の受講要件は，高校を卒業していることだ。
ア (0258)

☐ (2) Many (　　　) around the world are being affected by global warming.
世界中の多くの生態系が，地球温暖化の影響を受けている。
エ (0253)

☐ (3) In (　　　) with his predecessor, the new president seems determined to improve the healthcare system.
前任者とは対照的に，新大統領は医療制度を改善しようと心に決めているようだ。
イ (0227)

☐ (4) Several people received minor (　　　) in the car accident.
その自動車事故で数名が軽傷を負った。
キ (0243)

☐ (5) This large (　　　) can carry over 500 passengers and crew.
この大型船は500人を超える乗客と乗員を運ぶことができる。
カ (0266)

☐ (6) The museum has a large collection of ancient Japanese (　　　).
その美術館は，古い日本の陶器を数多くそろえている。
ク (0235)

☐ (7) The landlord ignored the tenants' (　　　) about the leaky roof.
家主は，屋根が雨漏りするという賃借人の苦情を無視した。
オ (0256)

☐ (8) Many consumers expressed a (　　　) for this brand of washing detergent.
多くの消費者がこのブランドの洗剤を好んでいることを明らかにした。
ウ (0260)

ア requirement	イ contrast	ウ preference	エ ecosystems
オ complaints	カ vessel	キ injuries	ク pottery

2 次の各文の（　　　）に適する語句を**ア～エ**から選びなさい。

☐ **(1)** The company (　　　) several types of car parts at its factory in Vietnam.　　イ (0203)

その会社はベトナムの工場で数種類の自動車部品を生産している。

　ア deflects　　　　　　　　イ manufactures
　ウ offsets　　　　　　　　エ captures

☐ **(2)** What is the smallest known (　　　) of matter?　　エ (0237)

物質の中ですでに知られている最も小さな微粒子は何ですか。

　ア legend　イ auditorium　ウ drain　エ particle

☐ **(3)** He has been the (　　　) of several important awards.　　イ (0264)

彼はいくつかの重要な賞を受賞した人物である。

　ア clue　イ recipient　ウ outcome　エ consent

☐ **(4)** His new girlfriend is really (　　　), isn't she?　　ア (0286)

彼の新しいガールフレンドは本当に魅力的だよね。

　ア attractive　イ feeble　ウ awful　エ nosy

☐ **(5)** He (　　　) that he didn't know how to solve the problem.　　ウ (0216)

彼はその問題を解決する方法が分からないと認めた。

　ア negotiated　　　　　　イ prohibited
　ウ acknowledged　　　　エ cherished

☐ **(6)** These LED light (　　　) are more energy-efficient than the ones we used to have.　　ア (0248)

これらのLED電球は我々が以前持っていたものよりもエネルギー効率がよい。

　ア bulbs　　イ tissues　　ウ nests　　エ barns

☐ **(7)** The ferry trip to the island (　　　) takes around 40 minutes.　　ウ (0295)

フェリーでその島まで行くのは通常約40分かかる。

　ア briefly　　　　　　　イ legally
　ウ typically　　　　　　エ occasionally

1 次の語句の意味を**ア**~**エ**から選びなさい。

□ (1) sue	ア を後悔する イ を訴える ウ を改正する エ に相談する	イ (0310)
□ (2) collapse	ア (建物などが) 崩れ落ちる イ 腐る ウ 不平を述べる エ 震える	ア (0317)
□ (3) settlement	ア 組織　　　イ 区分 ウ 破片　　　エ 開拓地	エ (0343)
□ (4) isolated	ア 壊れやすい イ 紛らわしい ウ 孤立した エ 敵意のある	ウ (0376)
□ (5) shallow	ア 著しい　　イ 浅薄な ウ 不毛の　　エ 露出した	イ (0385)
□ (6) duty	ア 仕事　　　イ 供給 ウ 対照　　　エ 魂	ア (0323)
□ (7) engage	ア を発生させる イ を操縦する ウ を複雑にする エ を従事させる	エ (0305)
□ (8) secretary	ア 州　　　　イ 法案 ウ 秘書　　　エ 合意	ウ (0355)
□ (9) chief	ア 一般的な　イ 現在の ウ 実地の　　エ 主な	エ (0392)

□ (10) nutrition	ア 記念碑 イ 進化 ウ 栄養(物) エ (エンジンの) 点火装置	ウ (0332)
□ (11) presence	ア 存在　　イ 敵 ウ 保守　　エ 任務	ア (0363)

2 次の語句と反対の意味を持つ語句を**ア**〜**エ**から選びなさい。

□ (1) remote	⇔	(	)	ウ (0380)
□ (2) domestic	⇔	(	)	エ (0384)
□ (3) soul	⇔	(	)	イ (0375)
□ (4) superior	⇔	(	)	ア (0387)

　　ア inferior　**イ** body　**ウ** nearby　**エ** foreign

3 次の語句と似た意味を持つ語句を**ア**〜**エ**から選びなさい。

□ (1) concept	≒	(	)	ウ (0325)
□ (2) circumstance	≒	(	)	イ (0340)
□ (3) voyage	≒	(	)	ア (0373)
□ (4) possession	≒	(	)	エ (0347)

　　ア travel　**イ** situation　**ウ** thought　**エ** property

1 次の語句の意味を**ア**～**エ**から選びなさい。

□ (1) layer	ア 坂　　　　イ 迂回（路）	ウ (0354)
	ウ 層　　　　エ 動機	

□ (2) reception	ア 法律　　　イ 認識	エ (0369)
	ウ 機能　　　エ 歓迎会	

□ (3) interact	ア 交流する	ア (0308)
	イ 集まる	
	ウ 白状する	
	エ 干渉する	

□ (4) carve	ア を蓄積する	エ (0313)
	イ をまねる	
	ウ を解読する	
	エ を彫って作る	

□ (5) moisture	ア 湿気　　　イ タンパク質	ア (0351)
	ウ 汚水　　　エ れんが	

□ (6) profitable	ア 受け入れられる	イ (0388)
	イ 利益になる	
	ウ 信頼できる	
	エ 長持ちする	

□ (7) encouraging	ア 満足が得られる	ウ (0381)
	イ 際立った	
	ウ 勇気づける	
	エ 大胆な	

□ (8) root	ア 雑草	イ (0326)
	イ 根本	
	ウ （草木の）茎	
	エ 肝臓	

2 下線部の語句の意味を**ア**〜**ウ**から選びなさい。

☐ (1) **consult** a lawyer　　ア (0303)
　　ア に相談する　イ に知らせる　ウ に遭遇する

☐ (2) have **solid** evidence　　ウ (0389)
　　ア 疑わしい　イ 偽の　　ウ 確実な

☐ (3) **propose** a change　　ウ (0315)
　　ア を拒絶する　イ を採用する　ウ を提案する

☐ (4) the **divorce** rate　　ウ (0344)
　　ア 分配　イ 循環　ウ 離婚

☐ (5) a very **stable** environment　　ア (0383)
　　ア 安定した　イ 複雑な　ウ もろい

☐ (6) **restore** a house　　ウ (0306)
　　ア を監視する　イ を移る　ウ を修復する

☐ (7) the labor **union**　　ウ (0324)
　　ア 理論　イ 規則　ウ 組合

☐ (8) the social **welfare** system　　ア (0350)
　　ア 福祉　イ 統計　ウ 経理

☐ (9) a **steady** increase　　イ (0393)
　　ア 著しい　イ 着実な　ウ 長期にわたる

☐ (10) in a **coastal** area　　ア (0395)
　　ア 沿岸(地方)の　イ 田舎の　ウ 北極の

☐ (11) regular **maintenance**　　ウ (0328)
　　ア 不況　イ 経済封鎖　ウ 保守

☐ (12) a political **prisoner**　　ウ (0365)
　　ア 被災者　イ 部外者　ウ 囚人

訳 (1) 弁護士に相談する　(2) 動かぬ証拠を持つ　(3) 変更を提案する　(4) 離婚率
(5) とても安定した環境　(6) 家を修復する　(7) 労働組合　(8) 社会福祉制度　(9) 着実な増加
(10) 沿岸地方に　(11) 定期的な保守点検　(12) 政治犯

1 次の語句の意味を**ア**～**エ**から選びなさい。

☐ 〔1〕 blame	ア を寄付する イ のせいにする ウ を合わせて作る エ を促進する	イ (0316)
☐ 〔2〕 educator	ア 主催者　　イ 後継者 ウ 独裁者　　エ 教育者	エ (0330)
☐ 〔3〕 obesity	ア （病的な）肥満 イ 脳卒中 ウ 糖尿病 エ うつ病	ア (0352)
☐ 〔4〕 critical	ア 倫理的な イ 潜在的な ウ 批判的な エ 印象的な	ウ (0379)
☐ 〔5〕 convince	ア を支配する イ （人）に強いて～させる ウ を従事させる エ を説得して～させる	エ (0314)
☐ 〔6〕 firm	ア 会社　　イ 銅 ウ 幼児　　エ 昆虫	ア (0335)
☐ 〔7〕 port	ア 休暇　　イ 電球 ウ 港　　　エ 矛盾	ウ (0368)
☐ 〔8〕 digestive	ア 消化の　　イ 粘着性の ウ 秘密の　　エ 違法の	ア (0397)
☐ 〔9〕 surgeon	ア 騒動　　イ 外科医 ウ 感触　　エ 見習い	イ (0366)

2 下線部の語句の意味を答えなさい。

☐ (1) **colonize** the area その地域 (を)	を植民地化する (0307)	
☐ (2) **pollute** the air 大気 (を)	を汚染する (0320)	
☐ (3) **ownership** of the land その土地の ( )	所有権 (0357)	
☐ (4) escape through an **underground** tunnel ( ) トンネルを通って逃げる	地下 (0382)	
☐ (5) **sensory** processing difficulties ( ) 処理障害	感覚 (0399)	
☐ (6) receive a **kidney** transplant ( ) 移植を受ける	腎臓 (0331)	
☐ (7) **strengthen** a soccer team サッカーチーム (を)	を強化する (0312)	
☐ (8) new **conservation** measures 新しい ( ) 対策	保護 (0361)	
☐ (9) be covered in **rust** ( ) に覆われている	さび (0371)	
☐ (10) a **fancy** shopping mall ( ) ショッピングモール	高級な (0400)	
☐ (11) receive a **grant** ( ) を得る	助成金 (0353)	
☐ (12) work **multiple** jobs ( ) 仕事を持つ	多数の (0378)	

1 音声を聞いて語句の意味を**ア～エ**から選びなさい。
(音声が聞けない場合は語句を見て選びなさい)

> ア ミルクから作られる
> イ 偏った
> ウ 基礎
> エ と推定する

□ (1)	🎧 estimate	エ (0311)
□ (2)	🎧 foundation	ウ (0358)
□ (3)	🎧 biased	イ (0377)
□ (4)	🎧 dairy	ア (0396)

2 音声を聞いて語句の意味を**ア～ウ**から選びなさい。
(音声が聞けない場合は語句を見て選びなさい)

□ (1) ア 余剰　 イ 保管　 ウ 抑圧	🎧 storage	イ (0334)
□ (2) ア を拒絶する　イ を注射する　ウ を取り出す	🎧 reject	ア (0302)
□ (3) ア 不均衡　イ 欠如　ウ 不安	🎧 anxiety	ウ (0356)
□ (4) ア 通貨　イ 依存　ウ 頻度	🎧 frequency	ウ (0367)
□ (5) ア 知的な　イ 格安の　ウ 関連した	🎧 intellectual	ア (0391)
□ (6) ア 部類　イ 骨格　ウ 療法	🎧 category	ア (0349)
□ (7) ア を感知する　イ に服従する　ウ を外注する	🎧 obey	イ (0304)
□ (8) ア 頑丈な　イ 道徳の　ウ 邪悪な	🎧 evil	ウ (0394)

3 音声を聞いて ( ) に適切なものを答えなさい。
(音声が聞けない場合は語句を見て答えなさい)

□ (1) アメリカからソフトドリンク 　　 (を　　　)	🎧 import soft drinks 　 from the USA を輸入する (0318)
□ (2) 市場価格の (　　　)	🎧 a reduction in the 　 market price 引き下げ (0342)
□ (3) (　　　) の土地を割り当てる	🎧 assign a plot of land 小区画 (0348)
□ (4) 追加のシフトで働くことを 　　 (　　　)	🎧 be willing to work 　 extra shifts いとわない (0386)
□ (5) 人類の (　　　)	🎧 the survival of the 　 human race 生き残り (0327)
□ (6) 結晶の (　　　)	🎧 the formation of 　 crystals 形成 (0329)
□ (7) (　　　) 率	🎧 the murder rate 殺人 (0362)
□ (8) 朝食用シリアルの (　　　)	🎧 a brand of breakfast 　 cereal ブランド (0333)

1 次の各文の（　　　）に適する語句を**ア〜ク**から選びなさい。

☐ (1) After his 60th birthday, the company's （　　　） decided to retire.　　　　ア (0339)

60歳の誕生日を迎えて，その会社の最高経営責任者は引退を決めた。

☐ (2) Several famous （　　　） gave speeches at the conference on climate change.　　　　カ (0374)

数名の著名な生態学者が，気候変動についてその会議で演説した。

☐ (3) We found a quiet （　　　） under some trees to have our picnic.　　　　イ (0321)

我々はピクニックをするために，木陰の静かな場所を見つけた。

☐ (4) I took the （　　　） the doctor had given me to the drugstore.　　　　オ (0322)

私は医者からもらった処方箋を薬局に持って行った。

☐ (5) There is a strong （　　　） that the next president will be a woman.　　　　ウ (0345)

次の社長が女性になる可能性は高い。

☐ (6) He found it to be a （　　　） that the harder he worked, the less he achieved.　　　　キ (0364)

働けば働くほど得るものが減るのはパラドックスだと彼は思った。

☐ (7) He gave me several （　　　） on how to write a good résumé.　　　　エ (0338)

彼はよい履歴書の書き方についていくつかの秘訣を教えてくれた。

☐ (8) The woman and one of her （　　　） decided to ask their boss for a raise.　　　　ク (0370)

その女性と彼女の同僚の1人は上司に昇給を要求することに決めた。

| ア CEO | イ spot | ウ likelihood | エ tips |
| オ prescription | カ ecologists | キ paradox | ク coworkers |

2 次の各文の（　　　）に適する語句を**ア**〜**エ**から選びなさい。

☐ (1) The two universities announced the (　　　) of a joint research laboratory.
ウ (0360)

その２つの大学は，共同研究所の設立を発表した。

ア settlement 　　　　　　**イ** involvement
ウ establishment 　　　　　**エ** tuition

☐ (2) The actor thanked his (　　　) fans for their support during his illness.
ア (0398)

その俳優は，忠実なファンに闘病中の支援を感謝した。

ア loyal 　**イ** numerous 　**ウ** vital 　**エ** attractive

☐ (3) The children were (　　　) by the acrobat's spectacular performance.
エ (0309)

子供たちは軽業師の見事な演技に刺激を受けた。

ア expired 　　　　　　　**イ** committed
ウ addressed 　　　　　　**エ** inspired

☐ (4) I always felt like an (　　　) when I was in high school.
イ (0341)

私は高校生だったとき，いつも部外者のように感じていた。

ア infant 　**イ** outsider 　**ウ** exile 　　**エ** observer

☐ (5) The truck was heavily (　　　) with fruit and vegetables.
イ (0319)

そのトラックには果物と野菜がどっさり積まれていた。

ア dumped 　**イ** loaded 　**ウ** infected 　**エ** imported

☐ (6) In many countries, men's (　　　) receives more funding than women's.
ア (0372)

多くの国では，男子スポーツが女子スポーツよりも多くの資金援助を受ける。

ア athletics 　**イ** species 　**ウ** physics 　**エ** tactics

☐ (7) The (　　　) between the rich and the poor is getting worse in that country.
ウ (0359)

その国では，富裕層と貧困層の分断が悪化している。

ア contract 　**イ** diet 　　**ウ** division 　**エ** emission

1 次の語句の意味を**ア**~**エ**から選びなさい。

☐ (1) blow	ア 強打 イ 稲妻 ウ 出発 エ 噴火		ア (0439)
☐ (2) emerge	ア 由来する イ 明らかになる ウ つまずく エ 破裂する		イ (0405)
☐ (3) inspection	ア 適用 イ 措置 ウ 検査 エ 兆候		ウ (0466)
☐ (4) strictly	ア 厳格に イ 率直に ウ 不当に エ 永遠に		ア (0498)
☐ (5) grain	ア 負債 イ 領土 ウ 栄養分 エ 穀物		エ (0461)
☐ (6) awareness	ア 言及 イ 認識 ウ 好み エ 脅威		イ (0447)
☐ (7) proceed	ア 自慢する イ 向かう ウ 辞職する エ (不法)侵入する		イ (0423)
☐ (8) basis	ア 地階 イ 中身 ウ 警戒 エ 根拠		エ (0456)
☐ (9) initial	ア 産業の イ 初めの ウ 無料の エ 免疫の		イ (0479)
☐ (10) overhear	ア を偶然耳にする イ を大目に見る ウ を使い過ぎる エ を追い越す		ア (0428)

(11) **headquarters**	ア 大使館　　　イ （官庁の）局 ウ 本社　　　　エ 裁判所	ウ (0463)
(12) **nutritious**	ア 安価な イ 物知りの ウ 栄養になる エ かすかな	ウ (0485)

2 次の語句と反対の意味を持つ語句を**ア〜エ**から選びなさい。

(1) **automatic**	⇔	(	)	ウ (0487)
(2) **spiritual**	⇔	(	)	エ (0492)
(3) **altogether**	⇔	(	)	ア (0497)
(4) **fertile**	⇔	(	)	イ (0495)

> ア partially　イ barren　ウ manual　エ material

3 次の語句と似た意味を持つ語句を**ア〜エ**から選びなさい。

(1) **satisfaction**	≒	(	)	エ (0455)
(2) **brochure**	≒	(	)	ア (0465)
(3) **congestion**	≒	(	)	ウ (0437)
(4) **obstacle**	≒	(	)	イ (0432)

> ア pamphlet　イ barrier　ウ jam　エ content

1 次の語句の意味を**ア~エ**から選びなさい。

☐ (1) define	ア を定義する イ を進呈する ウ に値する エ を経営する		ア (0407)
☐ (2) continent	ア 大陸 イ 微粒子 ウ (仕切った) 区画 エ 赤道		ア (0462)
☐ (3) participation	ア 完了 ウ 指導	イ 参加 エ 援助	イ (0440)
☐ (4) witness	ア 傍観者 ウ 目撃者	イ 被験者 エ 歩行者	ウ (0449)
☐ (5) fake	ア わずかな ウ 卑怯な	イ 適切な エ 偽の	エ (0482)
☐ (6) accompany	ア に遭遇する イ に装備する ウ と一緒に行く エ を楽しませる		ウ (0413)
☐ (7) postpone	ア を延期する イ を感染させる ウ を提携させる エ を提案する		ア (0425)
☐ (8) element	ア 欲求 イ 規模 ウ (構成)要素 エ 連続		ウ (0457)

2 下線部の語句の意味を**ア**〜**ウ**から選びなさい。

☐ (1) a **fatal** car crash　　　　　　　　　　　　　ア (0484)
　　ア 致命的な　　イ 多数の　　　ウ 攻撃的な

☐ (2) the **intake** of salt　　　　　　　　　　　　ウ (0448)
　　ア 分量　　　　イ 種類　　　　ウ 摂取量

☐ (3) **stimulate** the economy　　　　　　　　　　イ (0402)
　　ア を(より)強くする　イ を刺激する　ウ を拡大する

☐ (4) hand in a passport **application**　　　　　　ウ (0430)
　　ア 請求書　　　イ 請願(書)　　ウ 申請書

☐ (5) sign a new peace **treaty**　　　　　　　　　ウ (0433)
　　ア 手続き　　　イ 誓い　　　ウ (国家間の)条約

☐ (6) an **experienced** climber　　　　　　　　　ウ (0478)
　　ア (人が)不慣れな　イ 臆病な　ウ 熟練した

☐ (7) **deserve** a medal　　　　　　　　　　　　　ウ (0409)
　　ア を授与する　イ を複製する　ウ に値する

☐ (8) an economic **crisis**　　　　　　　　　　　イ (0441)
　　ア 批評家　　　イ 危機　　　　ウ 要因

☐ (9) a **mainstream** newspaper　　　　　　　　ア (0480)
　　ア 主流の　　　イ 政治の　　　ウ 国内の

☐ (10) an ancient **burial** ground　　　　　　　　イ (0471)
　　ア 荒れ地　　　イ 埋葬　　　　ウ 泥

☐ (11) do a 30-minute **workout**　　　　　　　　イ (0431)
　　ア 瞑想　　　　イ 運動　　　　ウ 仕事

☐ (12) **undergo** many changes　　　　　　　　　ア (0410)
　　ア を経験する　イ を伝える　ウ を補う

訳 (1) 死者を出す自動車事故　(2) 塩分の摂取量　(3) 経済を刺激する
(4) パスポートの申請書を提出する　(5) 新しい平和条約に調印する　(6) 熟練した登山家
(7) メダルに値する　(8) 経済危機　(9) 主要紙　(10) 古代の埋葬地　(11) 30分の運動をする
(12) 多くの変化を経験する

1 次の語句の意味をア～エから選びなさい。

☐ (1) contradict	ア を護衛する イ を予測する ウ を汚染する エ と矛盾する	エ (0411)
☐ (2) finance	ア 金融　　　イ 雇用 ウ 優勢　　　エ 債券	ア (0446)
☐ (3) diagram	ア ぜいたく（品） イ 小冊子 ウ 図（表） エ 商品券	ウ (0474)
☐ (4) dozen	ア 高度 イ 細胞 ウ 小区画（の土地） エ 12（個）	エ (0469)
☐ (5) contribution	ア 貢献　　　イ 苦情 ウ 固定観念　エ 独立	ア (0436)
☐ (6) man-made	ア 機知に富んだ イ （物質などが）合成の ウ 無作為の エ 固有の	イ (0490)
☐ (7) mold	ア 地殻　　　イ カビ ウ 腎臓　　　エ ラクダ	イ (0472)
☐ (8) existence	ア 存在　　　イ 文明 ウ 報道　　　エ 確実性	ア (0444)

2 下線部の語句の意味を答えなさい。

☐ (1) **adjust** the volume　　　　　　を調節する (0408)
　　音量 (を　　　)

☐ (2) **navigate** a ship　　　　　　　を操舵する (0424)
　　船 (を　　　)

☐ (3) **swallow** a tablet　　　　　　を飲み込む (0426)
　　錠剤 (を　　　)

☐ (4) media **coverage**　　　　　　　報道 (0450)
　　マスコミの (　　　)

☐ (5) file a **lawsuit**　　　　　　　　訴訟 (0451)
　　(　　　) を起こす

☐ (6) an emergency **session**　　　　会合 (0452)
　　緊急 (　　　)

☐ (7) a **means** of communication　　手段 (0453)
　　コミュニケーションの (　　　)

☐ (8) natural **phenomena**　　　　　現象 (0458)
　　自然 (　　　)

☐ (9) a medical **journal**　　　　　　雑誌 (0460)
　　医学 (　　　)

☐ (10) a slice of **raw** onion　　　　　生 (0488)
　　(　　　) タマネギの薄切り

☐ (11) an **aging** population　　　　　高齢化する (0491)
　　(　　　) 人口

☐ (12) **endangered** species　　　　　絶滅危惧 (0493)
　　(　　　) 種

1 音声を聞いて語句の意味を**ア**〜**エ**から選びなさい。
(音声が聞けない場合は語句を見て選びなさい)

> **ア** と計算する
> **イ** どこかほかのところで
> **ウ** (商品など)を見て歩く
> **エ** 建築家

☐ (1)	🎧 elsewhere	**イ** (0496)
☐ (2)	🎧 calculate	**ア** (0417)
☐ (3)	🎧 architect	**エ** (0443)
☐ (4)	🎧 browse	**ウ** (0406)

2 音声を聞いて語句の意味を**ア**〜**ウ**から選びなさい。
(音声が聞けない場合は語句を見て選びなさい)

☐ (1)	**ア** 滑らかに動く　**イ** 出現する　**ウ** 反抗する	🎧 rebel	**ウ** (0415)
☐ (2)	**ア** 寛大な　　　　**イ** 絶え間ない　**ウ** 適切な	🎧 appropriate	**ウ** (0481)
☐ (3)	**ア** 魅力的な　　　**イ** 洗練された　**ウ** 穏やかな	🎧 sophisticated	**イ** (0486)
☐ (4)	**ア** (建物)を改造する　**イ** を絶えず悩ます　**ウ** (罪・過失など)を犯す	🎧 convert	**ア** (0416)
☐ (5)	**ア** (を)操舵する　**イ** (を)承認する　**ウ** (を)切望する	🎧 approve	**イ** (0421)

□ (6)	ア を引き出す　イ を限定する　ウ を例示する	🔊 withdraw	ア (0412)
□ (7)	ア 花嫁　イ 見捨てられた人　ウ 先祖	🔊 ancestor	ウ (0442)
□ (8)	ア 初心者　イ 先駆者　ウ 独裁者	🔊 pioneer	イ (0454)

3 音声を聞いて（　　）に適切なものを答えなさい。
（音声が聞けない場合は語句を見て答えなさい）

□ (1) ウイルスに（　　）いる	🔊 be infected with a virus 感染して (0414)
□ (2) 深刻な（　　）をもたらす	🔊 have serious consequences 結果 (0429)
□ (3) （　　）山	🔊 a copper mine 銅 (0468)
□ (4) （　　）増加	🔊 a slight increase わずかな (0489)
□ (5) （　　）する	🔊 do likewise 同じように (0500)
□ (6) 小さな土地の（　　）	🔊 a small patch of land 区画 (0473)
□ (7) その問題の（　　）	🔊 the scale of the problem 大きさ (0459)
□ (8) 年長の子供（を　　）	🔊 punish older children を罰する (0420)

1 次の各文の（　　　）に適する語句を**ア〜ク**から選びなさい。
（ただし，文頭にくる語句も小文字になっています）

☐ (1) The noise (　　　) them from doing their homework. その騒音のせいで，宿題から彼らの注意がそれた。	**イ** (0403)
☐ (2) I (　　　) my success in life to my parents. 私が人生において成功したのは両親のおかげである。	**ク** (0422)
☐ (3) At this language school, we (　　　) our lessons to meet the needs of each student. 当語学学校では，各学習者のニーズに添うようレッスンを作っています。	**オ** (0427)
☐ (4) (　　　) at the team's matches has risen by 50 percent in the past year. そのチームの試合の入場者数はこの1年で50パーセント増えた。	**キ** (0467)
☐ (5) After the war, one of the basic needs of the country was to rebuild its (　　　). 戦後その国の基本的ニーズの1つは，インフラを再建することであった。	**ウ** (0435)
☐ (6) (　　　) to secondhand cigarette smoke has been known to cause cancer. 副流煙に身をさらすことはガンを引き起こすことが知られている。	**ア** (0438)
☐ (7) Vitamin D helps your body absorb and (　　　) calcium. ビタミンDは体がカルシウムを吸収し，利用することを助ける。	**カ** (0418)
☐ (8) It's a (　　　) that you can't join us at the class reunion. あなたが同窓会に来られないのは残念なことだ。	**エ** (0476)

ア exposure	**イ** distracted	**ウ** infrastructure	**エ** shame
オ tailor	**カ** utilize	**キ** attendance	**ク** owe

2 次の各文の（　　　）に適する語句を**ア〜エ**から選びなさい。

☐ (1) Several students and teachers are off with the
（　　　）at the moment. 　イ (0470)

今のところ，数名の生徒と先生がインフルエンザで休んでいる。

ア jar **イ** flu **ウ** bug **エ** app

☐ (2) The soldiers were（　　　）to the possibility of
an attack. 　ア (0483)

兵士たちは攻撃の可能性に用心していた。

ア alert **イ** practical **ウ** relevant **エ** consistent

☐ (3) The continuous rain（　　　）our holiday on the
tropical island. 　イ (0401)

降り続く雨が熱帯の島での我々の休暇を台無しにした。

ア expanded **イ** spoiled
ウ colonized **エ** soaked

☐ (4) The students learned about（　　　）and why it
is bad for our planet. 　ウ (0434)

生徒たちは森林破壊とそれが地球に悪影響を与える理由について学
んだ。

ア inflammation **イ** discrimination
ウ deforestation **エ** sanitation

☐ (5) The driver（　　　）that he had been texting
just before the accident. 　エ (0419)

その運転手は事故の直前に携帯電話でメールをしていたことを認めた。

ア claimed **イ** implied **ウ** suspected **エ** admitted

☐ (6) He has been in a（　　　）since his motorbike
accident. 　ウ (0477)

彼はバイクの事故以来，車椅子で生活をしている。

ア vehicle **イ** vessel **ウ** wheelchair **エ** cargo

☐ (7) Although（　　　）is a good thing, it can lead to
the destruction of local cultures. 　エ (0464)

グローバル化は望ましいことだが，地域の文化を破壊することにもな
り得る。

ア modernization **イ** plantation
ウ civilization **エ** globalization

英検形式にチャレンジ!

次の(**1**)から(**24**)までの( )に入れるのに最も適切なものを**1**，**2**，**3**，**4**の中から一つ選びなさい。

☐ (**1**) Although the man was diagnosed with a serious disease, the doctors felt his chances for recovery were good because it was ( ) early.

1 (0021)

　1 identified 　　　　**2** prosecuted
　3 multiplied 　　　　**4** prolonged

☐ (**2**) My grandfather taught me that the important thing is not succeeding but having the courage to make the ( ).

2 (0046)

　1 exemption 　　　　**2** attempt
　3 refusal 　　　　　**4** condition

☐ (**3**) For plants to get the ( ) they need, farmers must follow good practices such as allowing fields to rest.

1 (0067)

　1 nutrients 　　　　**2** roots
　3 cattle 　　　　　**4** enhancement

☐ (**4**) High-quality classes from an early age are ( ) if we are to expect children to pursue a career in fields such as engineering.

3 (0090)

　1 shallow 　　　　　**2** blunt
　3 essential 　　　　**4** conventional

(5) Many younger people use emojis in their text messages instead of words when they want to ( ) that they are feeling a certain emotion.

3 (0109)

1 oppose   **2** stimulate
3 imply   **4** archive

(6) The demonstration will go ahead next week. The police said they will ( ) it very closely to make sure there is no trouble.

1 (0114)

1 monitor   **2** counter   **3** merge   **4** overtake

(7) After breaking her leg in the volleyball game, the girl was given a strong ( ) to take for one week. She will not be able to play until next season.

2 (0153)

1 module   **2** medication
3 reputation   **4** council

(8) *A*: Have you ever reduced the number of tablets you take for your back pain?
B: No, I've taken the same ( ) for years.

1 (0164)

1 dose   **2** stem   **3** herd   **4** cell

(9) The city office published a list of buildings that were facing a ( ) risk of damage by earthquakes. They recommend that building managers improve safety as soon as possible.

4 (0182)

1 moral   **2** feeble
3 hostile   **4** potential

☐ **(10)** The teacher (   ) that her students were using translation software for their homework, so she made them write all their essays during class instead.

3 (0206)

    1 ensured   **2** analyzed
    3 suspected   **4** pleaded

☐ **(11)** The new principal announced the school would no longer (   ) the rule which does not allow eating between classes. Students can now have snacks to get extra energy.

3 (0217)

    1 guarantee   **2** consume
    3 enforce   **4** legalize

☐ **(12)** Following an (   ) of bird influenza and higher egg prices, the restaurant chain said it would stop offering its popular Spanish omelet.

2 (0233)

    1 invasion   **2** outbreak
    3 exposure   **4** artifact

☐ **(13)** Online streaming services are very popular because viewers can watch shows and movies at any time. In addition, they are constantly adding new (   ).

1 (0240)

    1 content   **2** revenue   **3** latitude   **4** lodging

☐ **(14)** In America, most homes and apartments are equipped with a large clothes dryer. However, from a (   ) point of view, it may be too costly for smaller families to run regularly.

4 (0280)

    1 brutal   **2** marital
    3 horizontal   **4** practical

□ (15) As soon as the news about the tour cancelation was (　　　), the band's website crashed because of the high numbers of fans trying to get ticket refunds.

2 (0301)

1 mumbled　　　　**2** posted
3 ridiculed　　　　**4** smuggled

□ (16) In the 1990s, only 10% of Americans had a passport. These days, (　　　) show that the number has risen to 40% and is growing steadily every year.

1 (0336)

1 statistics　　　　**2** criteria
3 outskirts　　　　**4** restoration

□ (17) *A*: I've been feeling so tired lately.
B: Maybe you should stop buying so much fast food. Eating that takes a (　　　) on your health.

2 (0337)

1 measure　　　　**2** toll
3 pride　　　　　　**4** leisure

□ (18) Three men were arrested after stealing (　　　) from a local farm. They admitted to the police that they planned to sell the cows to restaurants and markets.

1 (0346)

1 livestock　　　　**2** welfare
3 fuel　　　　　　　**4** habitat

□ (19) Air traffic controllers work under a (　　　) amount of pressure and have to concentrate hard. They must take breaks every two hours.

2 (0390)

1 conventional　　　**2** tremendous
3 prevalent　　　　　**4** binding

☐ **(20)** When traveling in Southeast Asian countries, it is common to (　　　) over the prices of souvenirs and other items at markets and small stores.

1 subtract　**2** donate　**3** pledge　**4** bargain

4 (0404)

☐ **(21)** After John moved out of his apartment, he didn't get his (　　　) back. The owner kept it to pay for the door and flooring John had damaged.

1 tariff　**2** surplus　**3** backlog　**4** deposit

4 (0445)

☐ **(22)** Michelle got her teaching license last month. Now, she is hoping to work as a full-time Spanish teacher by getting a (　　　) at a high school in the city.

1 shortage　　　**2** placement
3 conflict　　　**4** compress

2 (0475)

☐ **(23)** It was very difficult for Maria to clean all the (　　　) maple syrup off her skirt after she dropped her pancake during breakfast.

1 ethical　**2** sticky　**3** vulgar　**4** subtle

2 (0494)

☐ **(24)** When throwing out plastic garbage, it is important to wash it out (　　　). This stops food from getting on other recyclable items like paper and boxes.

1 likewise　　　**2** nonetheless
3 elsewhere　　　**4** beforehand

4 (0499)

(1) その男性は重病と診断されたものの、早期に確認されたため、医師たちは彼の回復の可能性は高いと感じた。

(2) 祖父は私に、大切なのは成功することではなく、試みる勇気を持つことだと教えてくれた。

(3) 植物が必要な栄養分を得られるように、農家は畑を休ませるなどのよい慣習に従わなければならない。

(4) もし子供たちに工学などの分野でキャリアを積むことを期待するなら、幼いころからの質の高い授業が必要不可欠だ。

(5) ある特定の感情を抱いていると暗に示したいとき、多くの若者はメールで言葉の代わりに絵文字を使う。

(6) 来週デモが行われる。警察は絶対にトラブルのないようとても厳重にそれを監視するつもりだと言った。

(7) バレーボールの試合で脚を骨折した後、その少女は1週間服用するための強い薬を与えられた。彼女は次のシーズンまでプレーできないだろう。

(8) A：腰痛のために飲む錠剤の数を減らしたことはある？
B：いや、何年も同じ量を飲んでいるんだ。

(9) 市役所は地震による被害の潜在的なリスクに直面している建物の一覧表を発表した。彼らは建物の管理者たちにできるだけ早く安全性を向上させるよう勧告した。

(10) その教師は生徒たちが宿題に翻訳ソフトを使っているのではないかと思ったので、代わりに授業中に彼らに作文を全部書かせた。

(11) 新しい校長は、学校はもはや授業の合間に食事をとることを認めない規則を施行しないと発表した。生徒たちは今や追加のエネルギーを摂取するために軽食をとることができる。

(12) 鳥インフルエンザの突発と卵の値上がりを受けて、そのレストランチェーンは人気のスペイン風オムレツの提供をやめると言った。

(13) 視聴者が番組や映画をいつでも見られるので、オンラインストリーミングサービスはとても人気がある。さらに、そのサービスは絶えず新しいコンテンツを追加している。

(14) アメリカではほとんどの家やアパートに大型の衣類乾燥機が備わっている。しかしながら、実際的な見地からすると、人数の少ない家族が定期的に運転させるには費用がかかりすぎるだろう。

(15) ツアー中止の知らせが投稿されるとすぐに、多くのファンがチケットの払い戻しを得ようとしたため、そのバンドのウェブサイトはクラッシュした。

(16) 1990年代にはアメリカ人のたった10パーセントしかパスポートを持っていなかった。近ごろは、統計が示すところによると、その数は40パーセントに増え、年々増加の一途をたどっている。

(17) A：最近とても疲れているんだ。
B：君はそんなにたくさんファストフードを買うのをやめるべきなんじゃないかな。ファストフードを食べることは君の健康に損失を与えるよ。

(18) 3人の男が地元の農場から家畜を盗んで逮捕された。彼らは、牛をレストランや市場に売ることを計画していたと警察に認めた。

(19) 航空管制官は途方もないプレッシャーの下で働いており，大いに集中しなくてはならない。彼らは2時間おきに休息を取らなければならない。

(20) 東南アジアの国々を旅行するとき，市場や小さな店で土産やその他の商品の値段について交渉をすることが普通だ。

(21) ジョンはアパートを引っ越した後，内金を返してもらえなかった。家主はジョンが損傷を与えたドアや床の代金を支払うためにそれを取っておいたのだ。

(22) ミシェルは先月教員免許を取得した。今，彼女は市内の高校に斡旋を受け，フルタイムのスペイン語教師として働くことを望んでいる。

(23) 朝食の間パンケーキを落としてしまい，べとついたメープルシロップをスカートから全部ふき取るのはマリアにとってとても難しかった。

(24) プラスチックのごみを捨てるとき，前もってそれを洗っておくことが重要だ。このことは紙や箱のようなほかの再生利用可能なものに食べ物が付くのを防ぐ。

単語編

覚えておきたい単語 ● **500**

でる度
B

1 次の語句の意味をア～エから選びなさい。

□ (1) gut	ア 腸　　　イ 細胞 ウ 腎臓　　エ 肝臓	ア (0528)
□ (2) highlight	ア を引き出す イ を刺激する ウ を感知する エ を強調する	エ (0505)
□ (3) investigation	ア 排気　　　イ (詳しい)調査 ウ 評判　　　エ 指示	イ (0551)
□ (4) coral	ア 植物の イ 沿岸(地方)の ウ サンゴ(製)の エ 地質(学)上の	ウ (0572)
□ (5) magnify	ア を提出する イ をまき散らす ウ を移植する エ を拡大する	エ (0513)
□ (6) therapy	ア 深さ　　　イ 療法 ウ 瞑想　　　エ 正義	イ (0540)
□ (7) reference	ア 親権　　　イ 長寿 ウ 言及　　　エ 不安	ウ (0568)
□ (8) definitely	ア とりわけ イ そうでなければ ウ おおよそ エ 間違いなく	エ (0593)
□ (9) efficient	ア 効率的な　　イ 重要な ウ 根本的な　　エ 多様な	ア (0575)

□ (10) surplus	ア 兆候	イ 負債	エ (0566)
	ウ 関与	エ 余剰	
□ (11) penetrate	ア を延期する	イ を貫く	イ (0524)
	ウ を実行する	エ を運営する	
□ (12) ritual	ア 次元	イ 恩義	ウ (0570)
	ウ 儀式	エ 領地	

2 次の語句と反対の意味を持つ語句を**ア**〜**エ**から選びなさい。

□ (1) fragile	⇔	(	)	ウ (0576)
□ (2) temporary	⇔	(	)	エ (0580)
□ (3) tame	⇔	(	)	イ (0587)
□ (4) mandatory	⇔	(	)	ア (0588)

ア voluntary　イ wild　ウ durable　エ permanent

3 次の語句と似た意味を持つ語句を**ア**〜**エ**から選びなさい。

□ (1) combat	≒	(	)	イ (0502)
□ (2) crawl	≒	(	)	ア (0510)
□ (3) verify	≒	(	)	エ (0519)
□ (4) modify	≒	(	)	ウ (0523)

ア creep　イ battle against　ウ change　エ confirm

1 次の語句の意味を**ア**~**エ**から選びなさい。

□ (1) lightning	ア 雷　　　　イ 呪い ウ 小惑星　　エ 燃料	ア (0529)
□ (2) offensive	ア 斬新な　　イ 着実な ウ 豊富な　　エ 不快な	エ (0578)
□ (3) stray	ア うずく イ 迷い出る ウ (ゆっくりと) 揺れる エ 汗をかく	イ (0515)
□ (4) sneak	ア 跳ね返る イ 引っ込む ウ こっそり動く エ じっと見つめる	ウ (0514)
□ (5) mean	ア 相当する イ 変わりやすい ウ 機知に富んだ エ 意地の悪い	エ (0571)
□ (6) roughly	ア おおよそ イ ときどき ウ 厳密に (言えば) エ 単なる	ア (0594)
□ (7) legally	ア 厳格に　　イ 法的に ウ 常に　　　エ 故意に	イ (0600)
□ (8) creativity	ア 生産性　　イ 確実性 ウ 創造性　　エ 多様性	ウ (0545)

2 下線部の語句の意味を**ア**～**ウ**から選びなさい。

☐ (1) **detect** a slight difference　　　　　　　　　ウ (0501)
　　　ア を無視する　イ を追跡する　ウ を感知する

☐ (2) **advocate** the abolition of the death penalty　　ア (0517)
　　　ア を主張する　イ を承認する　ウ を抑制する

☐ (3) **endorse** the company's products　　　　　　ウ (0522)
　　　ア を輸出する　イ を(効果的に)利用する　ウ を推奨する

☐ (4) take paternity **leave**　　　　　　　　　　イ (0526)
　　　ア 特権　　　　イ 休暇　　　　ウ 目標

☐ (5) a wild **camel**　　　　　　　　　　　　　ア (0530)
　　　ア ラクダ　　　イ ゲノム　　　ウ シロアリ

☐ (6) a local **legend**　　　　　　　　　　　　イ (0538)
　　　ア 評判　　　　イ 伝説　　　　ウ 慣習

☐ (7) an **invasion** of privacy　　　　　　　　　ウ (0542)
　　　ア 尊重　　　　イ 不平　　　　ウ 侵害

☐ (8) read the **instructions**　　　　　　　　　　ア (0543)
　　　ア (製品の)使用書　イ 下書き　　ウ 添付書類

☐ (9) the **outcome** of the contest　　　　　　　ウ (0562)
　　　ア 必要条件　　　イ 雰囲気　　　ウ 結果

☐ (10) have several **novel** features　　　　　　　ア (0573)
　　　ア 斬新な　　　　イ 驚くべき　　ウ 固有の

☐ (11) **edible** paper　　　　　　　　　　　　　ア (0589)
　　　ア 食用の　　　　イ 装飾的な　　ウ 粘着性の

☐ (12) put their differences **aside**　　　　　　　イ (0599)
　　　ア 静かに　　　　イ わきに　　　ウ 文字どおり

訳 (1) わずかな違いに気づく　(2) 死刑廃止を主張する　(3) その会社の製品を推奨する
(4) 男性が育児休暇を取る　(5) 野生のラクダ　(6) 地元の伝説　(7) プライバシーの侵害
(8) 使用書を読む　(9) コンテストの結果　(10) いくつかの斬新な特徴がある
(11) 食べることができる紙　(12) 相違点をわきにやる

1 次の語句の意味を**ア**～**エ**から選びなさい。

☐ (1) wealth	ア 返金 イ 財産 ウ 銘柄 エ 経済		イ (0548)
☐ (2) worsen	ア 悪化する イ 腫れる ウ 飢える エ 終了する		ア (0516)
☐ (3) reasonable	ア 匹敵する イ 皮肉な ウ 望ましい エ 筋の通った		エ (0583)
☐ (4) briefly	ア 続いて イ 少しの間 ウ 前もって エ 順調に		イ (0598)
☐ (5) heating	ア 捕食動物 イ (刊行物の) 版 ウ 暖房 (装置) エ ほこり		ウ (0536)
☐ (6) scatter	ア を切望する イ をまき散らす ウ を返済する エ をでっちあげる		イ (0521)
☐ (7) removal	ア 合間 イ 除去 ウ 売却 エ 拒否		イ (0561)
☐ (8) deadly	ア 潜在的な イ 費用のかかる ウ 効果的な エ 致命的な		エ (0591)

2 下線部の語句の意味を答えなさい。

☐ (1) **exceed** our expectations 我々の予想(を　　)	を超える (0507)
☐ (2) be high in **antioxidants** (　　)が多く含まれる	抗酸化物質 (0531)
☐ (3) have different **characteristics** 異なる(　　)がある	特徴 (0556)
☐ (4) **emphasize** the product's best features 商品の一番よい特徴(を　　)	を強調する (0504)
☐ (5) eating **disorders** 摂食(　　)	障害 (0532)
☐ (6) have an **impressive** record (　　)記録を持っている	印象的な (0577)
☐ (7) **foster** good relations よい関係(を　　)	を育む (0511)
☐ (8) a national **heritage** 国家(　　)	遺産 (0541)
☐ (9) give an **outstanding** performance (　　)演技を見せる	際立った (0590)
☐ (10) a **spacious** apartment (　　)アパート	広い (0582)
☐ (11) an **altitude** of 5,000 meters (　　)5,000メートル	高度 (0563)
☐ (12) **disabled** people (　　)者	障害 (0585)

1 音声を聞いて語句の意味を**ア~エ**から選びなさい。
（音声が聞けない場合は語句を見て選びなさい）

ア ワクチン イ（動植物の細胞の） 　組織 ウ 細菌 エ 日課	☐ (1)	🎧 tissue	イ (0527)
	☐ (2)	🎧 germ	ウ (0537)
	☐ (3)	🎧 routine	エ (0557)
	☐ (4)	🎧 vaccine	ア (0567)

2 音声を聞いて語句の意味を**ア~ウ**から選びなさい。
（音声が聞けない場合は語句を見て選びなさい）

☐ (1) ア 衝突　イ 干ばつ　ウ 爆発	🎧 drought	イ (0547)
☐ (2) ア 化合物　　イ タンパク質 　　ウ 障害（物）	🎧 compound	ア (0565)
☐ (3) ア のせいにする 　　イ を汚染する 　　ウ に抵抗する	🎧 resist	ウ (0506)
☐ (4) ア を禁じる　イ を虐待する 　　ウ を課す	🎧 abuse	イ (0520)
☐ (5) ア 傲慢な　　イ 孤立した 　　ウ 緊迫した	🎧 arrogant	ア (0581)
☐ (6) ア 率直な　　イ 連続した 　　ウ 迅速な	🎧 straightforward	ア (0586)

□ (7)	ア くだらないおしゃべり イ （いざというとき）頼りになるもの ウ 思い出させるもの	🎧 reminder	ウ (0549)

□ (8)	ア 不当に　　イ 完全に ウ 過度に	🎧 unfairly	ア (0597)

3 音声を聞いて（　　　）に適切なものを答えなさい。
（音声が聞けない場合は語句を見て答えなさい）

□ (1) （　　　）におい	🎧 a **distinct** smell はっきりと分かる (0579)
□ (2) 校則に（　　　）	🎧 **conform** to school rules 従う (0525)
□ (3) 問題 (を　　　)	🎧 **pose** a problem を起こす (0503)
□ (4) 1等客室の（　　　）	🎧 a first-class **compartment** コンパートメント (0553)
□ (5) （　　　）金額	🎧 a **substantial** amount of money 相当な (0584)
□ (6) 警察の仮説 (の　　　)	🎧 **disprove** the police's theory の誤りを証明する (0509)
□ (7) （　　　）の危機にさらされて	🎧 in danger of **extinction** 絶滅 (0544)
□ (8) 牛乳の（　　　）	🎧 a **substitute** for dairy milk 代わり (0554)

1 次の各文の（　　）に適する語句を**ア~ク**から選びなさい。

☐ (1) The (　　) was packed, so some of the students had to stand at the back.
ウ (0539)

講堂は満席だったので，何人かの学生は後ろに立たなければならなかった。

☐ (2) A large amount of jungle was cleared to create grazing land for (　　).
ク (0533)

牛の放牧地を作るため，広範囲のジャングルが切り開かれた。

☐ (3) When playing tennis on grass, he has the (　　) over his main rival.
オ (0558)

芝生でテニスをする場合，彼は最大のライバルより優勢だ。

☐ (4) The international (　　) increased the chances of war breaking out.
ア (0559)

その国際的な事件は，戦争勃発の可能性を高めた。

☐ (5) Local people complained about the threatened (　　) of the hospital.
キ (0564)

地元の人々はその病院が閉鎖の危機にあることに不満を述べた。

☐ (6) There are many cotton and tobacco (　　) in the southern American states.
エ (0546)

アメリカ南部の州には，綿とタバコの大農園が数多くある。

☐ (7) A (　　) was put up to commemorate the victims of the terrorist attack.
イ (0535)

テロ攻撃の犠牲者を追悼して，記念碑が建てられた。

☐ (8) This big cat is a (　　) between a lion and a tiger.
カ (0555)

この大きなネコ科の動物は，ライオンとトラの交配種だ。

| ア incident | イ monument | ウ auditorium | エ plantations |
| オ edge | カ hybrid | キ closure | ク cattle |

2 次の各文の（　　　）に適する語句を**ア～エ**から選びなさい。

☐ (1) The judge ordered the man to stop (　　　) the actress.

イ(0512)

裁判官は，その女優に嫌がらせをすることをやめるよう男に命じた。

ア affecting　**イ** harassing　**ウ** boosting　**エ** punishing

☐ (2) During the forest fire, all the local people were (　　　) to a safer area.

エ(0518)

森林火災の間，全ての地元民がもっと安全な地域へ避難した。

ア verified　**イ** pursued　**ウ** proved　**エ** evacuated

☐ (3) We do our best to handle all (　　　) quickly and efficiently.

ウ(0550)

私たちは迅速かつ効率的に全ての問い合わせに対応するため，最善を尽くしている。

ア principles　**イ** dictators　**ウ** inquiries　**エ** burdens

☐ (4) This bridge marks the (　　　) between Vietnam and China.

ア(0552)

この橋はベトナムと中国の境界を示している。

ア boundary　**イ** tariff　　**ウ** glacier　**エ** compound

☐ (5) The police had few (　　　) as to who had robbed the bank.

イ(0560)

警察には銀行強盗犯に関する手がかりがほとんどなかった。

ア bulbs　　**イ** clues　　**ウ** edges　　**エ** flaws

☐ (6) Please ensure that you bring all the (　　　) documents with you.

エ(0574)

必ず全ての関連書類をお持ちください。

ア practical　**イ** feeble　　**ウ** reliable　**エ** relevant

☐ (7) (　　　), the CEO of the company decided to quit last week.

ア(0596)

聞いたところでは，その会社の最高経営責任者は先週辞任を決めたようだ。

ア Apparently　　　　　**イ** Eventually
ウ Consequently　　　　**エ** Technically

1 次の語句の意味を**ア**～**エ**から選びなさい。

☐ (1) observer	ア 囚人	イ 監視員		イ (0637)
	ウ 被災者	エ 居住者		
☐ (2) liver	ア 微生物			エ (0656)
	イ 腎臓			
	ウ タンパク質			
	エ 肝臓			
☐ (3) originate	ア 由来する	イ 扱う		ア (0603)
	ウ 集まる	エ 向かう		
☐ (4) anthropologist	ア 考古学者	イ 人類学者		イ (0675)
	ウ 経済学者	エ 生態学者		
☐ (5) unsafe	ア 思いがけない			ウ (0692)
	イ 権限のない			
	ウ 安全でない			
	エ はっきり分からない			
☐ (6) ministry	ア 省	イ (銀行)口座		ア (0665)
	ウ 機関	エ 州		
☐ (7) paperwork	ア 広告	イ (必要)書類		イ (0629)
	ウ 集会	エ 職場		
☐ (8) unite	ア 傾く			ウ (0614)
	イ 増大する			
	ウ 団結する			
	エ 一部かち合う			
☐ (9) guidance	ア 指導	イ 除去		ア (0644)
	ウ 依存	エ 分配		
☐ (10) dock	ア 遺跡	イ くぼみ		エ (0664)
	ウ 泥	エ 埠頭		

☐ (11) unpredictable	ア 壊れやすい イ 変わりやすい ウ 敏感な エ 果てしない	イ (0688)
☐ (12) triple	ア 屈する　　　イ 迷う ウ 3倍になる　エ 商う	ウ (0619)

2 次の語句と反対の意味を持つ語句を**ア～エ**から選びなさい。

☐ (1) descendant	⇔	(　　)	ウ (0630)
☐ (2) predator	⇔	(　　)	イ (0636)
☐ (3) primitive	⇔	(　　)	エ (0684)
☐ (4) plentiful	⇔	(　　)	ア (0690)

> ア scarce　イ prey　ウ ancestor　エ sophisticated

3 次の語句と似た意味を持つ語句を**ア～エ**から選びなさい。

☐ (1) submit	≒	(　　)	エ (0602)
☐ (2) restrict	≒	(　　)	イ (0607)
☐ (3) fade	≒	(　　)	ア (0609)
☐ (4) grip	≒	(　　)	ウ (0615)

> ア disappear　イ limit　ウ hold　エ hand in

1 次の語句の意味を**ア**～**エ**から選びなさい。

□ (1) junk	ア 貨物　　　イ がらくた ウ 処方箋　　　エ 障害（物）	イ (0640)
□ (2) misleading	ア 誤解させる イ 偏った ウ 偽造の エ ためらいがちな	ア (0689)
□ (3) horrible	ア 信じられない イ 避けられない ウ 実にひどい エ 大胆な	ウ (0695)
□ (4) starve	ア 干渉する イ 餓死する ウ 不平を述べる エ 侵害する	イ (0612)
□ (5) sculpture	ア 幾何学　　　イ 銅 ウ 地殻　　　エ 彫像	エ (0631)
□ (6) lean	ア ぶらつく　　　イ 混ざる ウ 傾く　　　エ 震える	ウ (0621)
□ (7) drain	ア 微粒子　　　イ 排水管 ウ ゴム製品　　　エ 有機体	イ (0647)
□ (8) graphic	ア 数字　　　イ 勘定 ウ 戦略　　　エ 図	エ (0650)

2 下線部の語句の意味を**ア〜ウ**から選びなさい。

☐ (1) a white sand **cove**　　　　　　　　　　　　ア (0663)
　　　ア 入江　　　　イ 氷河　　　　ウ 峡谷

☐ (2) an accurate **description**　　　　　　　　　ウ (0642)
　　　ア 話　　　　　イ 認識　　　　ウ 描写

☐ (3) **cooperate** with each other　　　　　　　ア (0605)
　　　ア 協力する　　イ 退く　　　　ウ 同情する

☐ (4) the Environment **Minister**　　　　　　　イ (0634)
　　　ア 省　　　　　イ 大臣　　　　ウ 機関

☐ (5) delay the **departure** of a flight　　　　　イ (0641)
　　　ア 解決　　　　イ 出発　　　　ウ 混雑

☐ (6) **bare** patches of earth　　　　　　　　　　ウ (0693)
　　　ア 限られた　　イ でこぼこな　ウ 露出した

☐ (7) the edge of the **cliff**　　　　　　　　　　ウ (0653)
　　　ア 芝生　　　　イ 軌道　　　　ウ 崖

☐ (8) have no choice but to **surrender**　　　　ア (0616)
　　　ア 降伏する　　イ 白状する　　ウ 交際する

☐ (9) **remodel** an old station building　　　　イ (0618)
　　　ア を建設する　イ を改装する　ウ を登録する

☐ (10) in need of **replacement**　　　　　　　　ウ (0633)
　　　ア 協力　　　　イ 節約　　　　ウ 交換

☐ (11) **conventional** treatments　　　　　　　ア (0681)
　　　ア 伝統的な　　イ 確実な　　　ウ 安定した

☐ (12) a **feeble** old man　　　　　　　　　　　イ (0694)
　　　ア おせっかいな　イ 病弱な　ウ 元気な

訳 (1) 白砂の入江　(2) 正確な描写　(3) 互いに協力する　(4) 環境大臣
(5) フライトの出発を遅らせる　(6) 土がむき出しになっているところ　(7) 崖の端
(8) 降伏するしかない　(9) 古くなった駅舎を改装する　(10) 交換を必要として　(11) 伝統的な治療
(12) 病弱な老人

1 次の語句の意味を**ア**~**エ**から選びなさい。

□ (1) Mediterranean	ア 北極の イ 地中海 (沿岸地域) の ウ 連邦政府の エ 太平洋の	イ (0691)
□ (2) scratch	ア を吸収する イ を分析する ウ を彫って作る エ を引っかく	エ (0613)
□ (3) stream	ア 草原　　　イ 滝 ウ 湧き水　　エ 小川	エ (0635)
□ (4) chart	ア グラフ　　イ 紙幣 ウ 小片　　　エ 要素	ア (0659)
□ (5) microbe	ア 細胞　　　イ 微生物 ウ 構成 (物)　エ 臓器	イ (0627)
□ (6) supervisor	ア 監督者　　イ 部外者 ウ 主催者　　エ 開発者	ア (0643)
□ (7) stem	ア 絶壁 イ シロアリ ウ カビ エ (草木の) 茎	エ (0670)
□ (8) nosy	ア 人里離れた イ 低級の ウ 詮索好きな エ かさばった	ウ (0698)

2 下線部の語句の意味を答えなさい。

☐ (1) enjoy **socializing** with colleagues 同僚との（　　）を楽しむ	付き合い (0625)
☐ (2) a natural **landscape** 自然（　　）	景観 (0645)
☐ (3) a high life **expectancy** 長い平均（　　）	余命 (0660)
☐ (4) **twist** his ankle 足首（を　　）	を捻挫する (0617)
☐ (5) a **moral** obligation （　　）義務	道徳的 (0679)
☐ (6) a **consistent** rise （　　）増加	着実な (0683)
☐ (7) an outdated **stereotype** 時代遅れの（　　）	固定観念 (0648)
☐ (8) reduce **inflammation** （　　）を抑える	炎症 (0666)
☐ (9) **interrupt** a meeting 会議（を　　）	を妨げる (0624)
☐ (10) a special **committee** 特別（　　）	委員会 (0639)
☐ (11) **supplementary** materials （　　）教材	補足 (0697)
☐ (12) shut down a **nuclear** plant （　　）発電所の運転を停止する	原子力 (0678)

1 音声を聞いて語句の意味を**ア〜エ**から選びなさい。
（音声が聞けない場合は語句を見て選びなさい）

> ア 汚水
> イ （水以外の）飲み物
> ウ 使用
> エ シロアリ

☐ (1)	🎧 termite	エ (0626)
☐ (2)	🎧 beverage	イ (0628)
☐ (3)	🎧 usage	ウ (0658)
☐ (4)	🎧 sewage	ア (0676)

2 音声を聞いて語句の意味を**ア〜ウ**から選びなさい。
（音声が聞けない場合は語句を見て選びなさい）

☐ (1)	ア 海洋の　イ 悪意のある　ウ 風変わりな	🎧 marine	ア (0680)
☐ (2)	ア を強調する　イ を後悔する　ウ を絶えず悩ます	🎧 regret	イ (0604)
☐ (3)	ア 独占　イ 戦法　ウ 促進	🎧 monopoly	ア (0657)
☐ (4)	ア 職員　イ 乗務員　ウ 用務員	🎧 personnel	ア (0671)
☐ (5)	ア （物・事が）疑わしい　イ ひどい　ウ 秘密の	🎧 awful	イ (0682)
☐ (6)	ア 洗練された　イ 音響（学）の　ウ 景色のよい	🎧 scenic	ウ (0696)
☐ (7)	ア 溺れ死ぬ　イ 吐く　ウ 餓死する	🎧 drown	ア (0620)

□ (8) ア 亡命者　イ 略奪者　ウ 応募者　🔊 applicant　ウ (0674)

3 音声を聞いて (　　　) に適切なものを答えなさい。
（音声が聞けない場合は語句を見て答えなさい）

□ (1) 暴力に (　　　)	🔊 resort to violence 訴える (0601)
□ (2) (　　　) を患う	🔊 suffer from depression うつ病 (0669)
□ (3) 地元の風俗習慣に (　　　) である	🔊 be unfamiliar with local manners 不慣れ (0686)
□ (4) 安全規定 (を　　　)	🔊 revise safety regulations を見直す (0606)
□ (5) (　　　) なる	🔊 get soaked ずぶ濡れに (0622)
□ (6) (　　　) が多い	🔊 high cholesterol コレステロール (0667)
□ (7) 国民 (　　　) 保険制度	🔊 a universal healthcare system 皆 (0700)
□ (8) ストレス (を　　　)	🔊 relieve stress を和らげる (0610)

1 次の各文の（　　　）に適する語句を**ア〜ク**から選びなさい。

☐ 〔1〕 The （　　　） of the cruise ship rescued the refugees after their boat sank.

ク (0646)

そのクルーズ船の乗組員は，ボートが沈んでしまった難民を救助した。

☐ 〔2〕 If you had no money and （　　　） to live, how would you survive?

オ (0661)

もしも一文無しで住む場所もなければ，どうやって生き延びるのですか？

☐ 〔3〕 A （　　　） has arisen over the site of the new airport.

イ (0672)

新空港の建設用地に関して論争が持ち上がった。

☐ 〔4〕 He walked straight past us with no sign of （　　　） whatsoever.

キ (0673)

私たちに見覚えがある様子は全くなく，彼は私たちの前を通り過ぎてまっすぐ歩いて行った。

☐ 〔5〕 The woman was excited to receive a letter inviting her to a school （　　　）.

ウ (0652)

その女性は，学校の同窓会の招待状を受け取って興奮した。

☐ 〔6〕 The （　　　） will organize all the details of the event.

ア (0654)

コーディネーターがイベントの全ての詳細を手配するだろう。

☐ 〔7〕 The lawyer had lunch in a small café just across the street from the （　　　）.

エ (0662)

その弁護士は，裁判所から通りを隔てた真向かいの小さなカフェで昼食を取った。

☐ 〔8〕 Regardless of （　　　）, all employees have the right to apply for the top managerial position.

カ (0668)

性別にかかわらず，全社員が経営幹部に志願する権利がある。

ア coordinator　**イ** controversy　**ウ** reunion　**エ** courthouse
オ nowhere　**カ** gender　**キ** recognition　**ク** crew

2 次の各文の（　　　）に適する語句を**ア**〜**エ**から選びなさい。

☐ (1) An eagle (　　　) briefly over our heads before flying away.　**エ** (0623)

1羽のワシが少しの間，我々の頭上で止まった後，飛び去った。

ア migrated　**イ** faded　　**ウ** leaned　**エ** hovered

☐ (2) The new (　　　) of the textbook should be in stores by the end of next week.　**イ** (0649)

その教科書の新版は来週末までには書店に並ぶはずだ。

ア reference　**イ** edition　　**ウ** critic　　**エ** account

☐ (3) The protesting students (　　　) the government building.　**エ** (0608)

抗議をする学生たちが，政府の建物を占拠した。

ア adapted　**イ** fostered　**ウ** equipped　**エ** occupied

☐ (4) The waiters complained that their new white uniforms were very (　　　).　**ア** (0687)

ウエーターたちは，新しい白い制服が非常に実用的でないと不満を漏らした。

ア impractical　**イ** hostile　**ウ** flexible　**エ** loyal

☐ (5) (　　　) students should go to Classroom A on the second floor.　**エ** (0699)

中級の生徒は2階のA教室に行ってください。

ア Outstanding　　　　**イ** Intelligent
ウ Numerous　　　　**エ** Intermediate

☐ (6) The nuclear submarine dived to a (　　　) of 250 meters.　**イ** (0655)

その原子力潜水艦は，水深250メートルまで潜った。

ア tribe　　**イ** depth　　**ウ** brand　　**エ** coverage

☐ (7) I'm not sure if this proposal will be (　　　) to my boss.　**ア** (0677)

この提案が上司にとって受け入れられるものかどうか分からない。

ア acceptable　　　　**イ** related
ウ fatal　　　　　　**エ** conventional

1 次の語句の意味を**ア**~**エ**から選びなさい。

☐ (1) intentionally	ア 法的に	イ 突然に		ウ (0799)
	ウ 故意に	エ 継続して		
☐ (2) confident	ア 確信して	イ 忠実な		ア (0778)
	ウ 熱望して	エ 寛容な		
☐ (3) nerve	ア 重圧	イ 独立		エ (0750)
	ウ 準備	エ 度胸		
☐ (4) reproduce	ア を補強する			イ (0704)
	イ を複製する			
	ウ を修正する			
	エ を取り戻す			
☐ (5) capture	ア を採用する			エ (0701)
	イ を保護する			
	ウ を案内する			
	エ を捕らえる			
☐ (6) infant	ア 幼児	イ 青年期の人		ア (0735)
	ウ 子孫	エ 病人		
☐ (7) incentive	ア 節約	イ 義務		エ (0767)
	ウ 外観	エ 動機		
☐ (8) curious	ア 不毛の			イ (0783)
	イ 好奇心の強い			
	ウ 大胆な			
	エ 機知に富んだ			
☐ (9) administer	ア を施工する			エ (0714)
	イ (声明など)を出す			
	ウ を評価する			
	エ を管理する			

□ (10) fluid	ア 成分　　　イ 事象 ウ 液体　　　エ 稲妻	ウ (0760)
□ (11) primarily	ア 主として　イ 順調に ウ 完全に　・　エ 何とかして	ア (0798)
□ (12) commercial	ア 商業 (上) の イ 究極の ウ 大規模な エ 免除された	ア (0771)

2 次の語句と反対の意味を持つ語句を**ア～エ**から選びなさい。

□ (1) obvious	⇔	(　)	イ (0776)
□ (2) complicate	⇔	(　)	ウ (0707)
□ (3) tense	⇔	(　)	エ (0790)
□ (4) scarce	⇔	(　)	ア (0794)

> ア plentiful　イ obscure　ウ simplify　エ relaxed

3 次の語句と似た意味を持つ語句を**ア～エ**から選びなさい。

□ (1) seize	≒	(　)	ア (0705)
□ (2) barren	≒	(　)	エ (0780)
□ (3) shrink	≒	(　)	イ (0719)
□ (4) abandon	≒	(　)	ウ (0728)

> ア confiscate　イ contract　ウ desert　エ sterile

1 次の語句の意味を**ア**~**エ**から選びなさい。

☐ 〔1〕 trait	ア 使い方	イ 度胸	エ (0754)
	ウ 騒動	エ 特徴	

☐ 〔2〕 intelligent	ア 知能の高い	ア (0779)
	イ 傷つきやすい	
	ウ えり抜きの	
	エ きちんとした	

☐ 〔3〕 arise	ア どよめく	ウ (0702)
	イ (心が) 揺れ動く	
	ウ 起こる	
	エ 曲がる	

☐ 〔4〕 strain	ア 保守	イ 離婚	ウ (0743)
	ウ 重圧	エ 生存	

☐ 〔5〕 dispute	ア 混乱	イ 点検	エ (0761)
	ウ 交替	エ 論争	

☐ 〔6〕 illustrate	ア を大目に見る	エ (0710)
	イ を激励する	
	ウ を制限する	
	エ を説明する	

☐ 〔7〕 decay	ア 汗をかく	イ (0718)
	イ 虫歯になる	
	ウ つまずく	
	エ 滑らかに動く	

☐ 〔8〕 bulky	ア 鮮度の落ちた	ウ (0786)
	イ 実用的でない	
	ウ かさばった	
	エ 精巧な	

2 下線部の語句の意味を**ア**〜**ウ**から選びなさい。

☐ (1) **encounter** difficulties
ア（問題など）を軽くする　イ を予測する　**ウ** に遭遇する
| **ウ** (0711)

☐ (2) treat his drug **addiction**
ア 依存　　イ 濃度　　　ウ 形跡
| **ア** (0747)

☐ (3) the **bond** between a parent and a child
ア きずな　　イ 幸福　　　ウ 意識
| **ア** (0732)

☐ (4) the **makeup** of a team
ア 信条　　イ 構成　　　ウ 期待
| **イ** (0739)

☐ (5) **negotiate** for better working conditions
ア 交渉する　イ 懸命に努力する　ウ 選ぶ
| **ア** (0709)

☐ (6) **transmit** a signal
ア を引き起こす　イ を送る　ウ を増大させる
| **イ** (0713)

☐ (7) emotional **well-being**
ア 懸念　　イ 問題　　　ウ 健康
| **ウ** (0741)

☐ (8) children with **behavioral** problems
ア 消化の　　イ 行動の　　ウ 精神的な
| **イ** (0785)

☐ (9) take a **stance** against racism
ア 場所　　イ 立場　　　ウ 栄養分
| **イ** (0759)

☐ (10) complain about the **excessive** noise
ア 過度の　イ 継続している　ウ 不快な
| **ア** (0772)

☐ (11) stop the car **abruptly**
ア 優しく　　イ 突然に　　ウ 自発的に
| **イ** (0800)

☐ (12) settle **permanently** in the south of Spain
ア 継続して　　イ 少しの間　　ウ 永遠に
| **ウ** (0796)

訳 (1) 困ったことに遭遇する　(2) 薬物依存を治療する　(3) 親と子のきずな　(4) チームの構成
(5) よりよい労働条件を求めて交渉する　(6) 信号を送る　(7) 感情面の健康
(8) 行動上の問題がある子供たち　(9) 反人種差別の立場を取る
(10) 過度の騒音に関して文句を言う　(11) 突然車を止める　(12) スペイン南部にずっと定住する

1 次の語句の意味を**ア**~**エ**から選びなさい。

☐ (1) implement	ア を虐待する イ を実行する ウ を買収する エ を簡単にする		イ (0703)
☐ (2) sacrifice	ア 見込み ウ 依存	イ 緊張 エ 犠牲	エ (0749)
☐ (3) perception	ア 学説 ウ 証拠	イ 発展 エ 認識	エ (0763)
☐ (4) reliable	ア 倫理(上)の イ 信頼できる ウ 注目に値する エ 持続できる		イ (0782)
☐ (5) knowledgeable	ア よく知っている イ 著しい ウ 極めて貴重な エ 資格のある		ア (0789)
☐ (6) confine	ア を限定する イ を改造する ウ を隠す エ を納得させる		ア (0712)
☐ (7) blaze	ア 地雷 ウ 層	イ 炎 エ がらくた	イ (0757)
☐ (8) disgust	ア 機嫌 ウ 想定	イ 嫌悪 エ 専念	イ (0768)

2 下線部の語句の意味を答えなさい。

☐ (1) **launch** a new range of products
新しい製品シリーズ（を　　　）

を売り出す (0721)

☐ (2) **transplant** a patch of skin
皮膚の一部（を　　　）

を移植する (0726)

☐ (3) the beginning of a new **era**
新（　　　）の始まり

時代 (0753)

☐ (4) the **venue** for the annual conference
年次総会の（　　　）

会場 (0765)

☐ (5) provide a **protective** layer
（　　　）層を作る

保護 (0774)

☐ (6) a **defensive** strategy
（　　　）戦略

守備的な (0795)

☐ (7) **dominate** the electronics market
電子産業市場（を　　　）

を支配する (0706)

☐ (8) **withstand** the cold weather
寒い気候（に　　　）

に耐える (0723)

☐ (9) finalize a **transaction**
（　　　）をまとめる

取引 (0736)

☐ (10) local **currency**
現地（　　　）

通貨 (0758)

☐ (11) wait in **dread**
（　　　）に思いながら待つ

不安 (0766)

☐ (12) a **secure** website
（　　　）ウェブサイト

安全な (0775)

1 音声を聞いて語句の意味を**ア〜エ**から選びなさい。
（音声が聞けない場合は語句を見て選びなさい）

ア クーポン券 イ を追跡する ウ を再開する エ 周回すること	□ (1) 🎧 resume	ウ (0716)
	□ (2) 🎧 pursue	イ (0717)
	□ (3) 🎧 circuit	エ (0733)
	□ (4) 🎧 voucher	ア (0755)

2 音声を聞いて語句の意味を**ア〜ウ**から選びなさい。
（音声が聞けない場合は語句を見て選びなさい）

□ (1) ア を和らげる　イ を暴露する ウ をいじめる	🎧 ease	ア (0715)
□ (2) ア を決定する　イ を中止する ウ を保証する	🎧 halt	イ (0724)
□ (3) ア 天才（的な人）　イ 目撃者 ウ 有名人	🎧 celebrity	ウ (0737)
□ (4) ア 干ばつ　イ 下書き ウ ドローン	🎧 draft	イ (0756)
□ (5) ア 魅力的な　イ 急ぎの ウ 格安の	🎧 hasty	イ (0784)
□ (6) ア 損なわれていない　イ 親密な ウ 集中的な	🎧 intact	ア (0791)

| □ (7) ア 骨格 イ 症状 ウ 文脈 | 🔊 context | ウ (0752) |
| □ (8) ア とりわけ イ 文字どおり ウ それにもかかわらず | 🔊 nonetheless | ウ (0797) |

3 音声を聞いて（　　　）に適切なものを答えなさい。
（音声が聞けない場合は語句を見て答えなさい）

□ (1) 電気（　　）	🔊 an electrical <u>appliance</u> 器具 (0731)
□ (2) 年次（　　）	🔊 an annual <u>checkup</u> 健康診断 (0738)
□ (3) 調査の（　　）	🔊 a <u>respondent</u> to a survey 回答者 (0740)
□ (4) 大気汚染に関する（　　）報告書	🔊 a <u>comprehensive</u> report on air pollution 包括的な (0792)
□ (5) 求人広告（に　　）	🔊 <u>scan</u> the classified ads に目を通す (0708)
□ (6) 500人まで客（を　　）	🔊 <u>accommodate</u> up to 500 guests を収容できる (0722)
□ (7) 2人の販売員の間にある（　　）	🔊 the <u>rivalry</u> between the two salespeople ライバル意識 (0744)
□ (8) （　　）日々を送る	🔊 lead a <u>hectic</u> life やたらと忙しい (0788)

1 次の各文の（　　）に適する語句を**ア〜ク**から選びなさい。

☐ **(1)** The (　　) has decided to build a large office building in this area. — **オ** (0729)

その宅地造成業者は, この地域に大型のオフィスビルを建設することを決めた。

☐ **(2)** Law and medicine are (　　) which require many years of study. — **イ** (0748)

法律と医学は, 何年もの勉強を必要とする専門職だ。

☐ **(3)** Canada is divided into several (　　) with their own local governments. — **エ** (0769)

カナダは, 独自の地方政府を持ついくつかの州に分かれている。

☐ **(4)** He is well known as a (　　) of clean energy. — **ク** (0770)

彼はクリーンエネルギーの支持者としてよく知られている。

☐ **(5)** We are working on the (　　) that sales will increase. — **カ** (0751)

私たちは, 売り上げが増えるという仮定の下に仕事をしている。

☐ **(6)** This newspaper has the highest (　　) of all the English newspapers in Japan. — **ア** (0730)

この新聞は, 日本の全ての英字新聞の中で最も発行部数が多い。

☐ **(7)** The French Foreign Minister discussed trade issues with his German (　　) last night. — **ウ** (0762)

フランスの外務大臣は昨夜, ドイツの対応する人 (＝外務大臣) と貿易問題について議論した。

☐ **(8)** There have been several important (　　) in the computer industry recently. — **キ** (0734)

最近, コンピューター業界でいくつかの重要な技術革新があった。

ア circulation **イ** professions **ウ** counterpart **エ** provinces
オ developer **カ** assumption **キ** innovations **ク** proponent

2 次の各文の（　　　）に適する語句を**ア〜エ**から選びなさい。

☐ (1) Her parents refused to give their (　　　) to her marriage.

エ (0746)

彼女の両親は，彼女の結婚に同意することを拒んだ。

ア congestion　　　　イ wisdom
ウ involvement　　　　エ consent

☐ (2) The influenza outbreak has already reached (　　　) proportions in this country.

ウ (0781)

この国では，インフルエンザの発生がすでに大流行の域に達している。

ア significant　　　　イ adequate
ウ epidemic　　　　エ equivalent

☐ (3) I had to return the bicycle because the brakes were (　　　).

エ (0787)

ブレーキに欠陥があったので，私はその自転車を返品しなければならなかった。

ア bulky　イ severe　ウ mandatory　エ faulty

☐ (4) In only one year, the new CEO completely (　　　) the company.

ア (0725)

たった1年で，その新CEOは完全に会社を変えた。

ア transformed　イ registered　ウ sued　エ exerted

☐ (5) The court awarded (　　　) of the children to their father.

イ (0764)

裁判所は父親にその子供たちの親権を与えた。

ア habitat　　　　イ custody
ウ deforestation　　　　エ priority

☐ (6) The little girl was very (　　　) to pet the large dog.

イ (0793)

少女はその大型犬をなでることを大いにためらっていた。

ア arrogant　　　　イ hesitant
ウ indifferent　　　　エ generous

☐ (7) This sportswear company (　　　) its products all over Europe.

ウ (0727)

このスポーツウエア会社はヨーロッパ中で製品を小売りしている。

ア affiliates　イ asserts　ウ retails　エ detects

1 次の語句の意味を**ア**~**エ**から選びなさい。

☐ (1) swell	ア 区別する イ うわさ話をする ウ 仲裁する エ 増大する		エ (0806)
☐ (2) exert	ア を行使する イ のせいにする ウ を感知する エ を改訂する		ア (0819)
☐ (3) founder	ア 初心者 ウ 後継者	イ 管理者 エ 創設者	エ (0828)
☐ (4) refusal	ア 葬式 ウ 拒否	イ 燃料 エ 融合(物)	ウ (0845)
☐ (5) crust	ア 電池 ウ 体形	イ 地殻 エ 衛星	イ (0852)
☐ (6) ongoing	ア 継続している イ 勝っている ウ 空いている エ 蔓延している		ア (0865)
☐ (7) steep	ア 危険な ウ 浅薄な	イ 有毒な エ (傾斜が)急な	エ (0876)
☐ (8) realistic	ア 攻撃的な ウ 現実的な	イ 強制的な エ 包括的な	ウ (0888)
☐ (9) eager	ア 望ましい ウ 容認できる	イ 熱望して エ 確信して	イ (0893)
☐ (10) loudly	ア 率直に ウ 突然に	イ 厳格に エ 大声で	エ (0894)

| □ (11) continuously | ア 継続して　　イ 永遠に
ウ 相対的に　　エ 前もって | ア (0900) |
| □ (12) accordingly | ア とにかく
イ それ相応に
ウ かろうじて
エ 簡潔に | イ (0895) |

2 次の語句と反対の意味を持つ語句を**ア〜エ**から選びなさい。

□ (1) stale	⇔	( )	イ (0863)
□ (2) intense	⇔	( )	ウ (0871)
□ (3) civil	⇔	( )	ア (0877)
□ (4) broad	⇔	( )	エ (0880)

ア military　イ fresh　ウ mild　エ narrow

3 次の語句と似た意味を持つ語句を**ア〜エ**から選びなさい。

□ (1) bribe	≒	( )	ウ (0803)
□ (2) stroll	≒	( )	エ (0805)
□ (3) expire	≒	( )	ア (0809)
□ (4) accumulate	≒	( )	イ (0812)

ア run out　イ gather　ウ buy off　エ walk

1 次の語句の意味を**ア**～**エ**から選びなさい。

☐ 〔1〕 external
- ア 例外的に優れた
- イ 外部の
- ウ 排他的な
- エ 過度な

イ (0883)

☐ 〔2〕 occasionally
- ア ときどき
- イ 実質的に
- ウ それ相応に
- エ ついに (は)

ア (0896)

☐ 〔3〕 arrangement
- ア 蓄え
- イ 中身
- ウ 準備
- エ 状況

ウ (0830)

☐ 〔4〕 conceal
- ア を捕らえる
- イ に知らせる
- ウ を抑制する
- エ を隠す

エ (0814)

☐ 〔5〕 prosperity
- ア 繁栄
- イ 平等
- ウ 視界
- エ 長寿

ア (0856)

☐ 〔6〕 absence
- ア 出席
- イ 不在
- ウ 存在
- エ 案内

イ (0847)

☐ 〔7〕 sturdy
- ア 早まった
- イ ぼやけた
- ウ 本物の
- エ 頑丈な

エ (0866)

☐ 〔8〕 harmless
- ア 無限の
- イ 害のない
- ウ 重要でない
- エ 非現実的な

イ (0889)

2 下線部の語句の意味を**ア**～**ウ**から選びなさい。

☐ (1) achieve **independence** ア(0835)
　　ア 独立　　　イ 任務　　　ウ 進化

☐ (2) the **accounting** department イ(0840)
　　ア 管理　　　イ 経理　　　ウ 研究

☐ (3) **applaud** the judge's decision イ(0802)
　　ア に憤慨する　イ に拍手する　ウ に抗議する

☐ (4) **outsource** a job ウ(0801)
　　ア を遂行する　イ を理解する　ウ を外注する

☐ (5) an **elite** university ア(0879)
　　ア えり抜きの　イ 精神の　　ウ 中級の

☐ (6) a **verbal** agreement イ(0868)
　　ア 有益な　　　イ 口頭での　ウ 実際的な

☐ (7) an **electrical** engineer ウ(0875)
　　ア 有能な　　　イ 機械の　　ウ 電気の

☐ (8) the **industrial** revolution ウ(0881)
　　ア 政治に関する　イ 民主的な　ウ 産業の

☐ (9) a **master's** degree in economics ア(0843)
　　ア 修士　　　イ 理論　　　ウ 戦略

☐ (10) a **crucial** decision イ(0874)
　　ア 確実な　　　イ 重大な　　ウ 筋の通った

☐ (11) space **exploration** ウ(0836)
　　ア 放射線　　　イ 人工衛星　ウ 探検

☐ (12) **enhance** our sales productivity ア(0811)
　　ア を増す　　　イ を誓う　　ウ を持続させる

訳 (1) 独立を果たす　(2) 経理部　(3) 裁判官の判決に拍手を送る　(4) 仕事を外注する
(5) 一流大学　(6) 口頭による合意　(7) 電気技師　(8) 産業革命　(9) 経済学修士号　(10) 重大な決定
(11) 宇宙探査　(12) 当社の販売生産性を向上させる

1 次の語句の意味を**ア**～**エ**から選びなさい。

☐ (1) revive	ア を再開する イ を移転する ウ を生き返らせる エ を強化する		ウ (0817)
☐ (2) distribution	ア 進化　　イ 形成 ウ 適用　　エ 分配		エ (0848)
☐ (3) equivalent	ア 相当する イ もろい ウ 早まった エ 必要不可欠な		ア (0870)
☐ (4) ethical	ア 地質 (学) 上の イ 倫理 (上) の ウ 商業 (上) の エ 気候 (上) の		イ (0887)
☐ (5) smoothly	ア 同じように イ 厳格に ウ 順調に エ 静かに		ウ (0897)
☐ (6) justice	ア 正義　　イ 貢献 ウ 密集　　エ 満足		ア (0837)
☐ (7) preparation	ア 医薬品 イ 準備 ウ 販売促進 エ 保護		イ (0861)
☐ (8) complimentary	ア 取るに足りない イ 自然発生的な ウ 無料の エ 同時に起こる		ウ (0892)

2 下線部の語句の意味を答えなさい。

☐ (1) **involvement** in the crime
犯罪への（　　　）

関与 (0839)

☐ (2) come with a three-year **warranty**
３年間の（　　　）がついている

保証 (0858)

☐ (3) the **latter** part of the week
週の（　　　）

後半 (0885)

☐ (4) **disregard** safety rules
安全に関するルール（を　　　）

を無視する
(0815)

☐ (5) **reform** the education system
教育制度（を　　　）

を改革する
(0822)

☐ (6) **inequality** in education
教育における（　　　）

不平等 (0842)

☐ (7) The **Supreme** Court of the United States
合衆国（　　　）裁判所

最高 (0878)

☐ (8) the **underlying** reason
（　　　）理由

裏に潜む (0890)

☐ (9) **declare** a state of emergency
非常事態（を　　　）

を宣言する
(0823)

☐ (10) experience racial **prejudice**
人種的（　　　）を経験する

偏見 (0855)

☐ (11) **outline** a plan
計画（の　　　）

の概略を述べる
(0824)

☐ (12) speak **frankly** about the experience
体験を（　　　）語る

ざっくばらんに
(0898)

1 音声を聞いて語句の意味を**ア〜エ**から選びなさい。
（音声が聞けない場合は語句を見て選びなさい）

ア 吐く **イ** ほんの **ウ** 傷 **エ** 銃弾	☐ (1) 🎧 vomit	**ア** (0808)
	☐ (2) 🎧 wound	**ウ** (0846)
	☐ (3) 🎧 bullet	**エ** (0860)
	☐ (4) 🎧 mere	**イ** (0884)

2 音声を聞いて語句の意味を**ア〜ウ**から選びなさい。
（音声が聞けない場合は語句を見て選びなさい）

☐ (1) **ア** を提示する **イ**（同一実験など）を繰り返す **ウ** を（大量に）生産する	🎧 replicate	**イ** (0804)
☐ (2) **ア** 根拠 **イ** 行き先 **ウ** 連続	🎧 series	**ウ** (0834)
☐ (3) **ア** 食欲 **イ** 依存 **ウ** 深み	🎧 appetite	**ア** (0859)
☐ (4) **ア** 実験の **イ** 無限の **ウ** 緊急の	🎧 urgent	**ウ** (0891)
☐ (5) **ア** 落胆した **イ** 疲れ果てた **ウ** 頑丈な	🎧 weary	**イ** (0869)
☐ (6) **ア** 続く **イ** 交流する **ウ** 妨げる	🎧 interfere	**ウ** (0826)
☐ (7) **ア**（を）加速する **イ**（を）承認する **ウ**（を）切望する	🎧 accelerate	**ア** (0816)

□ (8) ア 十分な　イ 著しい　ウ 適切な　🎧 noticeable　イ (0873)

3 音声を聞いて (　　　) に適切なものを答えなさい。
（音声が聞けない場合は語句を見て答えなさい）

□ (1) 第3 (　　　) の始まり | 🎧 the beginning of the third <u>millennium</u>
千年紀 (0844)

□ (2) 新たな (　　　) | 🎧 a new <u>landfill</u> site
ごみ埋め立て地 (0831)

□ (3) 数人の大学卒業生
（を　　　） | 🎧 <u>recruit</u> several university graduates
を募集する (0810)

□ (4) 次期 (　　　) 選挙 | 🎧 the next <u>presidential</u> election
大統領 (0886)

□ (5) 8回 (　　　) | 🎧 eight <u>consecutive</u> times
連続 (0872)

□ (6) 法案 (を　　　) | 🎧 <u>enact</u> a bill
を制定する (0818)

□ (7) 学校の (　　　) | 🎧 a school <u>janitor</u>
用務員 (0854)

□ (8) 報道機関にそのニュース
（を　　　） | 🎧 <u>leak</u> the news to the press
を漏らす (0820)

1 次の各文の（　　）に適する語句を**ア~ク**から選びなさい。

☐ (1) A pair of sparrows built a (　　) above the station entrance. | **イ** (0827)

2羽のスズメが，その駅の入口の上に巣を作った。

☐ (2) The squirrel ran quickly up the (　　) of the tree. | **ウ** (0832)

そのリスは木の幹を素早く駆け上がって行った。

☐ (3) The woman refused a disposable straw, saying it was against her (　　). | **キ** (0833)

その女性は，彼女の主義に反すると言って，使い捨てのストローを拒否した。

☐ (4) What documents do I need to apply for American (　　)? | **ア** (0862)

アメリカの市民権を申請するには何の書類が必要ですか？

☐ (5) He is probably the most famous (　　) of all time. | **ク** (0829)

彼は，おそらく史上最も有名な生物学者であろう。

☐ (6) The couple spent several years living in the New Zealand (　　). | **エ** (0849)

その夫婦はニュージーランドの手付かずの自然の中で数年間暮らした。

☐ (7) The painting was stolen from the museum during a (　　) last week. | **カ** (0857)

その絵画は，先週の強盗事件の際，美術館から盗まれた。

☐ (8) This area is famous for (　　) such as pottery and weaving. | **オ** (0851)

この地域は陶器や織物などの工芸品で有名である。

| **ア** citizenship | **イ** nest | **ウ** trunk | **エ** wilderness |
| **オ** crafts | **カ** robbery | **キ** principles | **ク** biologist |

2 次の各文の（　　　）に適する語句を**ア～エ**から選びなさい。

☐ **(1)** It really (　　　) me when I see people dropping litter on the street.　　　ウ (0825)

私は人が道路にごみを捨てているのを見ると，非常にいらいらする。

ア conforms **イ** indicates **ウ** annoys **エ** blames

☐ **(2)** There are several shops and restaurants on the (　　　) level of the building.　　　ア (0853)

その建物の地階にはいくつかの店舗とレストランがある。

ア basement **イ** hybrid **ウ** altitude **エ** facility

☐ **(3)** No (　　　) persons are allowed in this area.　　　ア (0867)

権限のない人間は誰もこの地域に立ち入ることができない。

ア unauthorized **イ** inactive
ウ improper **エ** conventional

☐ **(4)** They took a group of (　　　) children on a trip to the seaside.　　　エ (0864)

彼らは恵まれない子供たちの集団を連れて海辺へ旅行に行った。

ア solitary **イ** cheery
ウ proficient **エ** disadvantaged

☐ **(5)** The man was (　　　) for five years for speaking out against the government.　　　イ (0821)

その男は政府に対して反対意見を述べたことで5年間投獄された。

ア shipped **イ** jailed **ウ** loaded **エ** doomed

☐ **(6)** High (　　　) of radiation were found in the area around the power plant.　　　ア (0850)

その発電所の周辺地域で高濃度の放射線が見つかった。

ア concentrations **イ** shortage
ウ transportation **エ** outbreak

☐ **(7)** Some motorists, (　　　) truck drivers, were not happy about the new speed restrictions.　　　イ (0899)

運転手の中には，特にトラックのドライバーだが，新しい制限速度に不満を感じる人もいた。

ア merely **イ** notably **ウ** overly **エ** typically

1 次の語句の意味をア～エから選びなさい。

□ (1) ruin	ア を台無しにする イ に影響を及ぼす ウ を消費する エ を避難させる	ア (0904)
□ (2) glide	ア 継続する　　イ 投票する ウ 移住する　　エ 滑らかに動く	エ (0921)
□ (3) wisdom	ア 福祉　　　　イ 描写 ウ 知恵　　　　エ 賛辞	ウ (0950)
□ (4) conspire	ア 通学する　　イ 陰謀を企てる ウ 迷い出る　　エ 団結する	イ (0916)
□ (5) economical	ア 印象的な　　イ 強制的な ウ 現実的な　　エ 経済的な	エ (0975)
□ (6) inactive	ア 不活発な　　イ 不親切な ウ 不合理な　　エ 不十分な	ア (0993)
□ (7) ecological	ア 道徳の　　　イ 環境の ウ 植物の　　　エ 電気の	イ (0998)
□ (8) equator	ア 小惑星　　　イ 峡谷 ウ 赤道　　　　エ 斜面	ウ (0965)
□ (9) dirt	ア 汚れ　　　　イ (広口の)びん ウ れんが　　　エ 細胞	ア (0939)
□ (10) desirable	ア 勝利を得た イ 優れている ウ 望ましい エ 豊富な	ウ (0968)
□ (11) dictator	ア 独裁者　　　イ 器官 ウ 災難　　　　エ 大臣	ア (0952)

□ (12) **imaginary**	ア 現代の イ 想像上の ウ 宗教 (上) の エ 途方もない	**イ** (0999)

2 次の語句と反対の意味を持つ語句を**ア～エ**から選びなさい。

□ (1) **gradual**	⇔	( )	**イ** (0977)
□ (2) **victorious**	⇔	( )	**ア** (0981)
□ (3) **blurry**	⇔	( )	**エ** (0983)
□ (4) **vacant**	⇔	( )	**ウ** (0987)

> ア defeated イ sudden ウ occupied エ clear

3 次の語句と似た意味を持つ語句を**ア～エ**から選びなさい。

□ (1) **heighten**	≒	( )	**ア** (0903)
□ (2) **glance**	≒	( )	**ウ** (0907)
□ (3) **notify**	≒	( )	**エ** (0908)
□ (4) **pierce**	≒	( )	**イ** (0910)

> ア raise イ penetrate ウ glimpse エ inform

1 次の語句の意味を**ア**~**エ**から選びなさい。

☐ 〔1〕 **certainty**	ア 生産性　　イ 創造性 ウ 確実性　　エ 有用性		ウ (0943)
☐ 〔2〕 **solitary**	ア ひとりの イ ねばねばの ウ 海洋の エ 裸の		ア (0971)
☐ 〔3〕 **lengthy**	ア 変わりやすい イ 進行中の ウ 非常に数の多い エ 長い		エ (0979)
☐ 〔4〕 **overestimate**	ア を使い過ぎる イ を追い越す ウ を過大に評価する エ を誇張する		ウ (0911)
☐ 〔5〕 **thaw**	ア 同情する イ 解凍される ウ 循環する エ 反映する		イ (0925)
☐ 〔6〕 **bride**	ア 部族　　　イ 銘柄 ウ 外科医　　エ 花嫁		エ (0951)
☐ 〔7〕 **superstitious**	ア 好奇心の強い イ 迷信深い ウ 悪名高い エ 悪意のある		イ (0995)
☐ 〔8〕 **problematic**	ア 限定された イ 比例した ウ 問題のある エ 過度な		ウ (0967)

2 下線部の語句の意味を**ア～ウ**から選びなさい。

☐ (1) make a **rash** decision　　　　　　　　　　ウ (0970)
　　　ア 決定的な　　イ 分別のある　　ウ 早まった

☐ (2) the victims of political **oppression**　　　イ (0931)
　　　ア 衝突　　　　イ 抑圧　　　　ウ 論争

☐ (3) **distinguish** between real and fake news　ア (0902)
　　　ア 区別する　　イ じっと見る　　ウ 交互に起きる

☐ (4) **export** luxury cars　　　　　　　　　　ア (0906)
　　　ア を輸出する　　イ を出荷する　　ウ を売り出す

☐ (5) be **kidnapped** on the way to school　　　ア (0922)
　　　ア を誘拐する　　イ に付き添う　　ウ を監視する

☐ (6) suffer a **stroke**　　　　　　　　　　　　イ (0941)
　　　ア アレルギー　　イ 脳卒中　　ウ 水ぶくれ

☐ (7) a deep **pit**　　　　　　　　　　　　　　ウ (0946)
　　　ア 峡谷　　　　イ 割れ目　　ウ 穴

☐ (8) beautiful **antique** furniture　　　　　　ア (0973)
　　　ア 骨董の　　イ 地中海 (沿岸地域) の　　ウ 異国風の

☐ (9) a **fictional** town　　　　　　　　　　　ウ (0976)
　　　ア 景色のよい　　イ 田舎の　　ウ 架空の

☐ (10) water the **lawn**　　　　　　　　　　　イ (0934)
　　　ア ラクダ　　イ 芝生　　ウ 家畜 (類)

☐ (11) the **incidence** of crime　　　　　　　ウ (0945)
　　　ア 兆候　　　　イ 場所　　ウ 発生 (率)

☐ (12) the **ultimate** goal　　　　　　　　　　ウ (0980)
　　　ア 野心的な　　イ 神聖な　　ウ 最終の

訳 (1) 早まった決断をする　(2) 政治的抑圧の被害者　(3) 本物のニュースと偽のニュースを区別する　(4) 高級車を輸出する　(5) 学校へ行く途中で誘拐される　(6) 脳卒中を起こす　(7) 深い穴　(8) 美しい骨董家具　(9) 架空の町　(10) 芝生に水をやる　(11) 犯罪の発生率　(12) 最終的な目標

1 次の語句の意味を**ア**~**エ**から選びなさい。

☐ (1) blister	ア 危機　　　イ 混雑 ウ 炎　　　　エ 水ぶくれ		エ (0957)
☐ (2) sympathize	ア 同情する イ (植物などが) しおれる ウ (社交的に) 交際する エ 切望する		ア (0920)
☐ (3) recall	ア を見なす イ を従事させる ウ を思い出す エ を承認する		ウ (0913)
☐ (4) cheery	ア 流行の　　イ 陽気な ウ 安価な　　エ 穏やかな		イ (0988)
☐ (5) wicked	ア ためらいがちな イ 熟練した ウ 悪意のある エ (体が) 弱々しい		ウ (0997)
☐ (6) strangle	ア を絶えず悩ます イ (発展・活動など) を抑圧する ウ を複雑にする エ (法律など) を改正する		イ (0929)
☐ (7) imbalance	ア 不均衡　　イ 不平等 ウ 不和　　　エ 不便		ア (0944)
☐ (8) uneven	ア 不安な イ 気づかないで ウ 無条件の エ でこぼこな		エ (0972)

2 下線部の語句の意味を答えなさい。

☐ (1) take **maternity** leave for a year １年間の（　　）休を取得する	産 (0940)	
☐ (2) **detain** a suspect 容疑者 (を　　　)	を勾留する (0927)	
☐ (3) carry out a **geological** survey （　　）調査を実施する	地質 (0969)	
☐ (4) **overdo** the spices in the curry カレーでスパイス (を　　　)	を使い過ぎる (0909)	
☐ (5) a protest against **racism** （　　）に対する抗議	人種差別 (0936)	
☐ (6) a **dense** fog （　　）霧	濃い (0974)	
☐ (7) **simplify** the instructions 説明書 (を　　　)	を簡略化する (0914)	
☐ (8) a **blockade** of the country's ports その国の港の（　　　)	封鎖 (0958)	
☐ (9) **on-the-job** training （　　）訓練	実地 (0986)	
☐ (10) **inhale** smoke during the fire 火事で煙 (を　　　)	を吸い込む (0918)	
☐ (11) the **invoice** for this job この仕事の（　　　)	請求書 (0960)	
☐ (12) a very **inconvenient** location とても（　　）場所	不便な (0994)	

1 音声を聞いて語句の意味を**ア~エ**から選びなさい。
（音声が聞けない場合は語句を見て選びなさい）

ア （手の）親指 イ 疲れ果てた ウ 有限の エ 衛生（状態）	☐ (1) 🎧 hygiene	エ (0930)
	☐ (2) 🎧 thumb	ア (0948)
	☐ (3) 🎧 exhausted	イ (0966)
	☐ (4) 🎧 finite	ウ (0985)

2 音声を聞いて語句の意味を**ア~ウ**から選びなさい。
（音声が聞けない場合は語句を見て選びなさい）

☐ (1) ア 卑怯な　イ 過激な ウ 望みを持たせる	🎧 cowardly	ア (0989)
☐ (2) ア 同僚　イ 相続人　ウ 大学生	🎧 undergraduate	ウ (0949)
☐ (3) ア を相殺する　イ をまねる ウ を要約する	🎧 imitate	イ (0917)
☐ (4) ア に値する　イ に装備する ウ に遭遇する	🎧 equip	イ (0905)
☐ (5) ア 噴水　イ 牧草地　ウ 港	🎧 harbor	ウ (0933)
☐ (6) ア 歩行者　イ 内科医 ウ 外科医	🎧 pedestrian	ア (0935)
☐ (7) ア 領域　イ 構造　ウ 署名	🎧 signature	ウ (0953)

□ (8)	ア 不愉快な　イ 不鮮明な ウ 不利な	🎧 unpleasant	ア (0996)

3 音声を聞いて（　　）に適切なものを答えなさい。
（音声が聞けない場合は語句を見て答えなさい）

□ (1) 王室の（　　　）	🎧 the royal procession 車列 (0963)	
□ (2) （　　　）才能を見せる	🎧 show exceptional talent 並外れた (0984)	
□ (3) 容疑者のアパート (に　　　)	🎧 raid the suspect's apartment に手入れを行う (0912)	
□ (4) 自転車のタイヤ (を　　　)	🎧 puncture the tires on a bicycle をパンクさせる (0928)	
□ (5) （　　　）に出席する	🎧 attend a summit 首脳会議 (0937)	
□ (6) （　　　）雰囲気がある	🎧 have an intimate atmosphere くつろげる (0978)	
□ (7) （　　　）害をもたらす	🎧 cause immeasurable harm 計り知れない (0990)	
□ (8) 鼻 (に　　　)	🎧 wrinkle up his nose にしわを寄せる (0915)	

1 次の各文の（　　　）に適する語句を**ア～ク**から選びなさい。

☐ (1) I'm sending you the contract and other related information as an (　　　).

契約書とほかの関連情報を添付ファイルでお送りします。

オ (0955)

☐ (2) The couple bought a luxury (　　　) in this area.

そのカップルはこの地域の高級マンションを購入した。

ク (0959)

☐ (3) The small boy loved to look at the (　　　) in his grandmother's garden.

その小さな男の子は，祖母の家の庭で虫を見るのが大好きだった。

カ (0938)

☐ (4) One of the local people told me an interesting (　　　) about a giant who lived in the mountains.

地元の人の1人が私に山に住む巨人の面白い話をしてくれた。

キ (0942)

☐ (5) This new art show is a (　　　) between artists from various countries in Europe.

この新しい美術展はヨーロッパのさまざまな国の芸術家たちの合作です。

ウ (0932)

☐ (6) He has been working in the (　　　) industry for several years.

彼はこの数年間，レジャー産業に従事してきた。

エ (0961)

☐ (7) He said he enjoys life as a (　　　) and has no plans to get married.

彼は独身者としての生活が楽しく，結婚する予定はないと言った。

イ (0956)

☐ (8) The government had trouble dealing with the (　　　) in the city.

政府はその市の混乱に対処するのに苦労した。

ア (0964)

ア unrest	イ bachelor	ウ collaboration	エ leisure
オ attachment	カ bugs	キ tale	ク condo

2 次の各文の（　　　）に適する語句を**ア～エ**から選びなさい。

☐ **(1)** The fact that this temple survived the earthquake is a (　　) to the skill of its builders.　　イ (0954)

この寺院が地震に耐えたという事実は，建築者の技術のあかしである。

ア supply　　　　　イ testament
ウ priority　　　　エ substitute

☐ **(2)** I left the soup to (　　) on the stove while I laid the table.　　エ (0924)

私は食卓の準備をする間，スープをコンロでことこと煮ていた。

ア crawl　　イ last　　ウ fade　　エ simmer

☐ **(3)** The children (　　) to be characters from their favorite TV show.　　ウ (0923)

子供たちは大好きなテレビ番組の登場人物のつもりになっていた。

ア endeavored　　　イ urged
ウ pretended　　　　エ presumed

☐ **(4)** To be honest, I think this restaurant is (　　).　　ア (0919)

率直に言うと，このレストランは過大評価されていると思う。

ア overrated　　　イ united
ウ rejected　　　　エ diverted

☐ **(5)** This mountain road is virtually (　　) during the winter months.　　ア (0992)

この山道は冬の間は事実上通行できない。

ア impassable　　イ toxic　　ウ unsafe　　エ hectic

☐ **(6)** Slowly the details of the crime began to (　　).　　エ (0926)

少しずつ，その犯罪の詳細が明らかになり始めた。

ア tremble　　イ glide　　ウ shrink　　エ unfold

☐ **(7)** It is essential that those who are visually (　　) get the support they need.　　ウ (0991)

視覚障害のある人々が必要な支援を得ることは極めて重要である。

ア genetic　　イ vital　　ウ impaired　　エ eligible

次の(1)から(25)までの(　　　)に入れるのに最も適切なものを**1**，**2**，**3**，**4**の中から一つ選びなさい。

☐ (1) Two years ago, the company (　　　) its head office from a quiet area in Chicago to the city center. Now, the staff is much happier and enjoy working downtown.

3 (0508)

1 transmitted　　　　**2** accommodated
3 relocated　　　　　**4** detained

☐ (2) During the ceremony at the White House, the President looked proud when he took the (　　　) to promise to protect his country.

1 (0534)

1 oath　　**2** ritual　　**3** ministry　　**4** ballot

☐ (3) Online sellers have an (　　　) to photograph and describe the product, calculate prices and taxes, and arrange delivery to the buyer.

2 (0569)

1 avoidance　　　　**2** obligation
3 enterprise　　　　**4** insight

☐ (4) Sally's husband told her she was being (　　　) for complaining to the restaurant staff about the color of the plates and the size of the spoons.

4 (0592)

1 gracious　　　　**2** mellow
3 tolerant　　　　　**4** petty

☐ **(5)** In the past, people used to read books or newspapers on the train. These days (   ) all passengers spend their journey looking at their smartphone.

1 exceptionally   **2** constantly
3 virtually   **4** abruptly

3 (0595)

☐ **(6)** The owner tried to (   ) her dog's anger by giving him his favorite snacks, throwing a ball, and talking to him quietly.

1 suppress   **2** generate
3 attain   **4** foster

1 (0611)

☐ **(7)** Mr. Casey gave a (   ) to each student in his class with information about the upcoming trip to the capital. Everyone was looking forward to the day.

1 caption   **2** handout
3 petition   **4** venue

2 (0632)

☐ **(8)** Tony received a 10% (   ) on the sale of each car. After 3 months, he had sold a total of 20 cars and was the showroom's top seller.

1 blow   **2** pact
3 contrast   **4** commission

4 (0638)

☐ **(9)** *A*: This (   ) through the woods is covered with fallen trees and leaves.
    B: Yeah, it's going to be difficult to follow without a map.

1 milestone   **2** pathway
3 vicinity   **4** landmark

2 (0651)

(10) Janet always did household chores and finished her homework, so her parents decided she was (   ) enough to go away on vacation with her friends.

1 amicable   **2** stubborn
3 hesitant   **4** mature

4 (0685)

(11) I (   ) my time spent with family and friends. I like creating memories that I will be able to think about when I get older.

1 cherish   **2** preserve
3 resist   **4** summon

1 (0720)

(12) Simon is very skilled at his job and popular with customers. His only (   ) is that he is late to work almost every day.

1 threat   **2** strain   **3** flaw   **4** clause

3 (0742)

(13) The company's new product gained a lot of (   ) after being featured in a popular magazine. As a result, sales grew rapidly.

1 practice   **2** intake
3 publicity   **4** tremor

3 (0745)

(14) The baby bird was (   ) to snakes and other larger birds, so it needed its mother for protection until it grew strong enough to fly and look after itself.

1 vulnerable   **2** alert
3 relevant   **4** impractical

1 (0773)

□ (15) At first, Kelly was (　　　) to participate in the group science project. As she got to know the other members, she became more active, and everyone worked well together.

4 (0777)

   1 fluent   **2** digestive
   3 beneficial   **4** reluctant

□ (16) For judges, it is their responsibility to (　　　) the law and make sure that justice is served fairly to all.

2 (0807)

   1 relieve   **2** uphold
   3 heighten   **4** enrich

□ (17) Many elementary schools are (　　　) as emergency centers, so they need to have supplies of water and enough toilets in case local people have to shelter there.

4 (0813)

   1 hampered   **2** revoked
   3 scattered   **4** designated

□ (18) The pandemic has shown both the strengths and weaknesses of (　　　) and highlighted the need for global cooperation.

3 (0838)

   1 baseline   **2** condensation
   3 humanity   **4** incidence

□ (19) (　　　) based on race, gender, or any other characteristic is unacceptable. It should not occur in modern society.

4 (0841)

   1 Vicinity   **2** Inventory
   3 Equator   **4** Discrimination

☐ (20) The (　　　) forces worked together to achieve victory in the war, despite their differences in culture and language.

1 allied　　**2** partial　　**3** barren　　**4** lofty

1 (0882)

☐ (21) The fire in her apartment caused by cooking oil (　　　) her to educate others about household safety and how to act in an emergency.

1 dissolved　　　　　**2** compelled
3 yielded　　　　　　**4** catered

2 (0901)

☐ (22) Although my hotel room was generally good, I wasn't so happy about the (　　　) of the bed sheets. They were a little rough so I couldn't sleep well.

1 depot　　　　　　**2** leverage
3 coalition　　　　　**4** texture

4 (0947)

☐ (23) The company president introduced a (　　　) and yoga program to help employees. After six months, everybody became more relaxed and able to focus on their work.

1 friction　　　　　**2** nuisance
3 fragment　　　　　**4** meditation

4 (0962)

☐ (24) *A*: I really like Julia. She is always so much fun at parties and events.
　　B: I agree. Her (　　　) comments always make me laugh.

1 profound　　　　　**2** witty
3 fatal　　　　　　　**4** scenic

2 (0982)

☐ **(25)** If you buy bananas that are yellow in the center and green at the top and bottom, they will usually become (   ) in a couple of days.   **4**(1000)

1 faulty   **2** unstable   **3** serene   **4** ripe

訳

(1) 2年前，その会社はシカゴの閑静な地域から街の中心に本社を移転させた。現在，スタッフははるかに幸せで，中心街で働くことを楽しんでいる。

(2) ホワイトハウスでの式典の間，大統領は祖国を守ることを約束する誓いを立てるとき誇らしげに見えた。

(3) オンライン販売業者には商品の写真を撮って説明し，値段と税を計算し，買い手への配送を手配する義務がある。

(4) サリーの夫は彼女に，レストランのスタッフに皿の色やスプーンのサイズについて不平を言うなんて，彼女は狭量になっていると伝えた。

(5) 昔，人々は電車の中で本や新聞を読んだものだった。今日では，ほぼ全員の乗客がスマートフォンを見て移動時間を過ごしている。

(6) 飼い主は，大好きなおやつをあげたりボールを投げたり静かに話しかけたりして彼女の犬の怒りを抑えようとした。

(7) ケイシー先生はクラスの生徒一人一人に，今度の首都への旅行についての情報が書かれた配布物を渡した。みんなその日を楽しみにしていた。

(8) トニーは車1台の販売につき，10パーセントの手数料を受け取っていた。3カ月後，彼は合計20台の車を売り，そのショールームの売り上げトップだった。

(9) A：この森の中の小道は倒木や落ち葉で覆われているね。
B：そうだね，地図なしに進むのは難しいだろうね。

(10) ジャネットはいつも家事をし，宿題を済ませていたので，両親は彼女が休暇に友人たちと出かけるには十分大人だと判断した。

(11) 私は家族や友人と過ごす時間を大切にしている。年を取ったときに思い出せるような思い出を作るのが好きだ。

(12) サイモンは仕事がとてもよくでき，顧客からも人気がある。彼の唯一の欠点は，ほぼ毎日仕事に遅刻することだ。

(13) その会社の新製品は人気雑誌に特集された後，大きな注目を集めた。その結果，売り上げは急速に伸びた。

(14) そのひな鳥はヘビやほかの大きな鳥に弱く，空を飛び，自分で自分の面倒を見られるほど十分に強くなるまで，保護してくれる母鳥を必要としていた。

(15) 最初，ケリーはグループ科学プロジェクトに参加することに気が進まなかった。彼女はほかのメンバーを知るようになるにつれ，より活発になり，全員が協力して取り組んだ。

(16) 法を支持し，全ての人に公平に正義が確実に果たされるようにすることは裁判官の責任である。

(17) 多くの小学校は緊急センターに指定されているため，地元住民がそこに避難しなければならない場合に備えて，水と十分なトイレを備えておく必要がある。

(18) 世界的流行病は人類の強さと弱さの両方を示し，世界的な協力の必要性を強調した。

(19) 人種，性別，その他のいかなる特性に基づく差別も容認できない。現代社会においては起きるべきではない。

(20) 文化や言語の違いにもかかわらず，連合軍は戦争で勝利を得るために協力した。

(21) 彼女のアパートで食用油が原因で火災が発生したため，彼女は家庭の安全と緊急時の行動の仕方についてほかの人々を教育することを余儀なくされた。

(22) ホテルの部屋はおおむねよかったのだが，ベッドシーツの手触りについてはあまり満足できなかった。少しざらついていたので，よく眠れなかった。

(23) その会社の社長は従業員を助けるために瞑想とヨガのプログラムを導入した。6カ月後，誰もがよりリラックスして仕事に集中できるようになった。

(24) Ａ：私はジュリアが本当に好きよ。彼女はパーティーやイベントでいつもとても楽しいから。
Ｂ：同感だよ。彼女の機知に富んだコメントはいつも僕を笑わせてくれる。

(25) 中央が黄色で上下が緑色のバナナを買うと，普通は 2，3 日で熟す。

単語編

力を伸ばす単語 ● **600**

1 次の語句の意味を**ア**~**エ**から選びなさい。

☐ (1) completion	ア 援助	イ 削減		ウ (1048)
	ウ 完了	エ 構造		
☐ (2) physician	ア 外科医	イ 歩行者		エ (1059)
	ウ 居住者	エ 内科医		
☐ (3) sinister	ア 重要な	イ 極端な		ウ (1067)
	ウ 邪悪な	エ 迅速な		
☐ (4) incredible	ア 避けられない			イ (1084)
	イ 信じられない			
	ウ 忘れられない			
	エ 筋の通らない			
☐ (5) sweep	ア を大目に見る			イ (1018)
	イ (ある地域)に広がる			
	ウ を打倒する			
	エ (飲食物など)を飲み込む			
☐ (6) perspective	ア 範囲	イ 賢明さ		エ (1060)
	ウ 立場	エ 観点		
☐ (7) random	ア 無作為の	イ 停止中の		ア (1079)
	ウ 聴覚の	エ 相互の		
☐ (8) legislation	ア 意向	イ 研究		ウ (1062)
	ウ 法律	エ 探検		
☐ (9) curse	ア 施設	イ 部外者		エ (1038)
	ウ 脅し	エ 呪い		
☐ (10) sensitive	ア 敏感な	イ 法外な		ア (1071)
	ウ 高級な	エ 寛容な		

□ (11) literally	ア 文字どおり イ 相対的に ウ あまりに エ 主として		ア (1095)
□ (12) cynical	ア 実際的な ウ 絶望的な	イ 懐疑的な エ 保守的な	イ (1093)

2 次の語句と反対の意味を持つ語句を**ア〜エ**から選びなさい。

□ (1) transparent	⇔	( )	イ (1065)
□ (2) plural	⇔	( )	エ (1069)
□ (3) authentic	⇔	( )	ウ (1075)
□ (4) moderate	⇔	( )	ア (1076)

> ア excessive　イ opaque　ウ fake　エ singular

3 次の語句と似た意味を持つ語句を**ア〜エ**から選びなさい。

□ (1) diminish	≒	( )	ア (1005)
□ (2) burst	≒	( )	エ (1011)
□ (3) prohibit	≒	( )	ウ (1015)
□ (4) roam	≒	( )	イ (1023)

> ア decrease　イ wander　ウ forbid　エ explode

1 次の語句の意味を**ア**~**エ**から選びなさい。

☐ 〔1〕 indifferent	ア 無関心な イ 反語的な ウ 悲観的な エ 過激な		ア (1088)
☐ 〔2〕 physics	ア 統計学 ウ 社会学	イ 幾何学 エ 物理学	エ (1061)
☐ 〔3〕 retain	ア を獲得する イ を拘留する ウ を抑制する エ を保持する		エ (1013)
☐ 〔4〕 diploma	ア 発行部数 イ 卒業証書 ウ 経済基盤 エ 相続財産		イ (1050)
☐ 〔5〕 visibility	ア 歓待 ウ 視界	イ 瞑想 エ 有効性	ウ (1040)
☐ 〔6〕 prompt	ア 有効な ウ 確かな	イ 浅薄な エ 迅速な	エ (1078)
☐ 〔7〕 barn	ア 家畜小屋 イ 排水管 ウ 下水設備 エ 牧草地		ア (1063)
☐ 〔8〕 technically	ア 厳密に（言えば） イ 従って ウ そうでなければ エ 結局（は）		ア (1097)

2 下線部の語句の意味を**ア〜ウ**から選びなさい。

□ (1) the witness's **testimony**		ア (1033)
ア 証言 イ 誓い ウ 参加		
□ (2) a **tragic** skiing accident		ウ (1066)
ア 危険な イ 小さい ウ 悲惨な		
□ (3) **bid** for a contract		イ (1010)
ア 対処する イ 入札する ウ 訴える		
□ (4) **stumble** over a stone		ア (1004)
ア つまずく イ 跳ね返る ウ 後退する		
□ (5) make a **daring** escape		イ (1064)
ア 効果的な イ 大胆な ウ 実践的な		
□ (6) a **charitable** organization		ウ (1089)
ア 営利的な イ 宗教(上)の ウ 慈善の		
□ (7) a special fireproof **fabric**		イ (1041)
ア 点火装置 イ 布 ウ 品種		
□ (8) **mimic** the teacher's voice		イ (1022)
ア を理解する イ をまねる ウ に抗議する		
□ (9) **rotate** around the sun		ア (1006)
ア 回転する イ 滑らかに動く ウ 集中する		
□ (10) form a **coalition** government		ウ (1036)
ア 保守 イ 共同 ウ 連立		
□ (11) plan a new **scheme**		ウ (1047)
ア 銘柄 イ 本社 ウ 計画		
□ (12) a **precise** estimate of the cost		ア (1085)
ア 正確な イ 現実的な ウ 長期的な		

訳 (1) 証人の証言 (2) 悲惨なスキー事故 (3) 契約に入札する (4) 石につまずく (5) 大胆な脱走を果たす (6) 慈善組織 (7) 特殊な不燃性の布 (8) その教師の声をまねる (9) 太陽の周りを回る (10) 連立政権をつくる (11) 新しい計画を立てる (12) コストの正確な見積もり

1 次の語句の意味を**ア**~**エ**から選びなさい。

☐ 〔1〕 trace	ア 拘留	イ 跡		イ (1057)
	ウ 弾丸	エ 迫害		
☐ 〔2〕 trial	ア 裁判	イ 騒動		ア (1045)
	ウ 不名誉	エ 実践		
☐ 〔3〕 massive	ア 大量の			ア (1090)
	イ 権限のない			
	ウ 長時間の			
	エ 浪費する			
☐ 〔4〕 uniquely	ア 絶えず	イ 比類なく		イ (1100)
	ウ 厳格に	エ とりわけ		
☐ 〔5〕 discipline	ア を解雇する			ウ (1016)
	イ を投棄する			
	ウ を罰する			
	エ を汚染する			
☐ 〔6〕 acid	ア 余分な			エ (1082)
	イ どう猛な			
	ウ 不明確な			
	エ 酸っぱい			
☐ 〔7〕 livelihood	ア 生存	イ 生活保護		ウ (1051)
	ウ 生計	エ 労働力		
☐ 〔8〕 climatic	ア 気候(上)の			ア (1083)
	イ 聖なる			
	ウ 季節(ごと)の			
	エ (霧・雲などが)濃い			

2 下線部の語句の意味を答えなさい。

☐ (1) make a small **fortune**
ちょっとした（　　）を築く

財産 (1055)

☐ (2) a way to **curb** inflation
インフレ（を　　）方法

を抑制する
(1002)

☐ (3) **repay** the loan on time
期日どおりにローン（を　　）

を返済する
(1027)

☐ (4) an **irrational** fear of spiders
クモに対する（　　）恐れ

不合理な (1092)

☐ (5) how to **inject** the vaccine
ワクチン（を　　）方法

を注射する
(1020)

☐ (6) **assess** the amount of damage
被害総額（を　　）

を算定する
(1024)

☐ (7) run a couple of **errands**
2，3件（　　）に行く

お使い (1034)

☐ (8) **friction** between the two board members
その2人の役員の間の（　　）

あつれき (1035)

☐ (9) a **striking** resemblance
（　　）類似点

著しい (1068)

☐ (10) win a **decisive** victory
（　　）勝利を収める

決定的な (1080)

☐ (11) a **collision** between a truck and a minibus
トラックと小型バスの（　　）

衝突 (1042)

☐ (12) arrive at **approximately** 9:15 p.m.
午後9時15分（　　）に到着する

前後 (1099)

1 音声を聞いて語句の意味を**ア〜エ**から選びなさい。
（音声が聞けない場合は語句を見て選びなさい）

> ア 専門的知識
> イ に熱心に勧める
> ウ を攻撃する
> エ 異質の

☐ 〔1〕	🎧 urge	イ	(1021)
☐ 〔2〕	🎧 assault	ウ	(1032)
☐ 〔3〕	🎧 expertise	ア	(1049)
☐ 〔4〕	🎧 alien	エ	(1077)

2 音声を聞いて語句の意味を**ア〜ウ**から選びなさい。
（音声が聞けない場合は語句を見て選びなさい）

☐ 〔1〕 ア 軌道　イ 区分　ウ 複合物	🎧 orbit	ア	(1044)
☐ 〔2〕 ア を占領する　イ を命令する　ウ を追求する	🎧 dictate	イ	(1019)
☐ 〔3〕 ア 繰り返しの　イ 実地の　ウ 匹敵する	🎧 comparable	ウ	(1091)
☐ 〔4〕 ア 厳格に　イ 静かに　ウ 自発的に	🎧 voluntarily	ウ	(1096)
☐ 〔5〕 ア 自慢する　イ 膨れる　ウ 破裂する	🎧 boast	ア	(1025)
☐ 〔6〕 ア 動機　イ 度胸　ウ 確信	🎧 motive	ア	(1052)
☐ 〔7〕 ア 魅力的な　イ 利益になる　ウ 必要不可欠な	🎧 vital	ウ	(1070)

□ 〔8〕 ア 相対的に　イ 完全に　ウ 簡潔に ｜ 🎧 wholly ｜ イ (1098)

---

3 音声を聞いて（　　　　）に適切なものを答えなさい。
（音声が聞けない場合は語句を見て答えなさい）

□ 〔1〕 私の感謝の（　　　）として	🎧 as a **token** of my gratitude しるし (1056)
□ 〔2〕 失敗する（　　　）	🎧 be **doomed** to fail 運命である (1030)
□ 〔3〕 初老の男性に（　　　）	🎧 **disguise** himself as an **elderly** man 変装する (1001)
□ 〔4〕（　　　）大量の観光客	🎧 a large **influx** of tourists 押し寄せる (1037)
□ 〔5〕（　　　）努力で	🎧 with **minimal** effort 最小限の (1073)
□ 〔6〕 敵のメッセージ（を　　　）	🎧 **decode** enemy messages を解読する (1008)
□ 〔7〕 写真編集（　　　）	🎧 a photo editing **app** アプリ (1039)
□ 〔8〕（　　　）顔つき	🎧 a **stern** look 険しい (1087)

1 次の各文の（　　　）に適する語句を**ア～ク**から選びなさい。

☐ (1) I (　　　) a spare mattress into the guest room.　エ(1026)
私は予備のマットレスを引きずって客間に入れた。

☐ (2) The government was (　　　) in a military coup.　イ(1028)
軍のクーデターにより，政府は転覆した。

☐ (3) The teachers (　　　) the two students fighting in the hall.　キ(1003)
先生たちは，廊下で喧嘩をする2人の生徒を制止した。

☐ (4) The professor (　　　) all of his research data into one short report.　ウ(1007)
教授は全ての研究データを1つの短い報告書にまとめた。

☐ (5) The dental hospital is (　　　) with UCLA.　オ(1031)
その歯科医院はカリフォルニア大学ロサンゼルス校と提携している。

☐ (6) After the party, the room was (　　　) with paper cups.　ク(1014)
パーティーの後，部屋は紙コップで散らかっていた。

☐ (7) He has yet to (　　　) his promise to buy me a ring.　ア(1029)
彼はまだ私に指輪を買ってくれるという約束を果たしていない。

☐ (8) I waited for a chance to (　　　) the car in front of me.　カ(1012)
私は前の車を追い越す機会を待った。

| ア fulfill | イ overthrown | ウ compressed | エ dragged |
| オ affiliated | カ overtake | キ restrained | ク littered |

2 次の各文の（　　　）に適する語句を**ア～エ**から選びなさい。

□ **(1)** They checked their (　　　) with a flashlight. 　エ (1054)

彼らは懐中電灯で周囲の状況を確認した。

ア facilities 　　　　　　　**イ** vehicles
ウ warehouses 　　　　　　**エ** surroundings

□ **(2)** These plum trees (　　　) a lot of fruit last year. 　ウ (1017)

これらのプラムの木は昨年，たくさんの実をつけた。

ア heeded 　**イ** craved 　**ウ** yielded 　**エ** ejected

□ **(3)** She was a (　　　) woman who did a lot to help the poor. 　ア (1072)

彼女は，貧しい人々を助けるために多くのことをした，注目に値する女性だった。

ア remarkable 　**イ** potential 　**ウ** feeble 　**エ** cheery

□ **(4)** She gave me a lot of (　　　) advice about studying abroad. 　イ (1086)

彼女は留学について，極めて貴重な助言をたくさんくれた。

ア daring 　　　　　　　　**イ** invaluable
ウ fundamental 　　　　　**エ** admirable

□ **(5)** Carbon (　　　) is produced when animals breathe out. 　ウ (1043)

動物が息を吐き出すときに二酸化炭素が作られる。

ア content 　**イ** nutrition 　**ウ** dioxide 　**エ** tissue

□ **(6)** This project is a joint (　　　) between two large banks. 　イ (1058)

このプロジェクトは，2つの大手銀行による合弁事業だ。

ア compound 　**イ** venture 　**ウ** circuit 　**エ** fabric

□ **(7)** The company I work for is about to go (　　　). 　エ (1074)

私が勤める会社は倒産しそうだ。

ア radical 　**イ** toxic 　**ウ** primitive 　**エ** bankrupt

□ **(8)** It is likely that the (　　　) will continue for a long time. 　ア (1053)

景気後退は長期間続きそうだ。

ア recession 　**イ** fragment 　**ウ** syndrome 　**エ** measure

Section 12-1

学習日	月	日
正解		/20問

1 次の語句の意味を**ア**~**エ**から選びなさい。

☐ ⑴ apprentice	ア 囚人 ウ 傍観者	イ 見習い（工） エ 秘書	イ (1161)
☐ ⑵ feast	ア 規模 ウ 新機軸	イ 祝宴 エ 正義	イ (1137)
☐ ⑶ desperate	ア 並外れた ウ 一時的な	イ 人里離れた エ 絶望的な	エ (1188)
☐ ⑷ intensive	ア 集中的な ウ 決定的な	イ 経済的な エ 基本的な	ア (1174)
☐ ⑸ somehow	ア あまりに ウ 単なる	イ 何とかして エ かろうじて	イ (1195)
☐ ⑹ upbringing	ア 大騒ぎ ウ 重圧	イ 優勢 エ （子供の）養育	エ (1145)
☐ ⑺ provoke	ア を捕らえる イ を怒らせる ウ を移植する エ を汚染させる		イ (1123)
☐ ⑻ privilege	ア 特権 ウ 難局	イ 名声 エ 文脈	ア (1156)
☐ ⑼ botanical	ア 植物の ウ 架空の	イ 空洞の エ 繰り返しの	ア (1185)
☐ ⑽ discomfort	ア 無秩序 ウ 反感	イ 不満 エ 不快	エ (1135)
☐ ⑾ questionable	ア 予測できない イ 計り知れない ウ 疑わしい エ 不都合な		ウ (1164)

| □ (12) degrade | ア を移す
イ の面目を失わせる
ウ を見捨てる
エ を停止させる | イ (1117) |

2 次の語句と反対の意味を持つ語句を**ア～エ**から選びなさい。

□ (1) subjective	⇔	(	)	ウ (1172)
□ (2) tedious	⇔	(	)	エ (1176)
□ (3) perpetual	⇔	(	)	イ (1181)
□ (4) subsequently	⇔	(	)	ア (1196)

> ア previously　イ temporary　ウ objective　エ exciting

3 次の語句と似た意味を持つ語句を**ア～エ**から選びなさい。

□ (1) clutch	≒	(	)	イ (1102)
□ (2) liberate	≒	(	)	ア (1106)
□ (3) resent	≒	(	)	エ (1111)
□ (4) reconcile	≒	(	)	ウ (1118)

> ア release　イ hold　ウ harmonize　エ be angry at

1 次の語句の意味を**ア**～**エ**から選びなさい。

☐ (1) drastic	ア 思い切った イ 劣った ウ かさばった エ 限られた		ア(1170)
☐ (2) deliberately	ア 概して ウ 故意に	イ 前もって エ 実質的に	ウ(1197)
☐ (3) thrive	ア 干渉する イ 成功する ウ 白状する エ 侵害する		イ(1112)
☐ (4) hydrogen	ア 水素 ウ 療養食	イ 要素 エ 放出(物)	ア(1138)
☐ (5) tempt	ア を誘惑する イ を呼び出す ウ を考案する エ を宣言する		ア(1128)
☐ (6) monarch	ア 君主 ウ 教育者	イ 部族 エ 伝説	ア(1158)
☐ (7) faith	ア 発生(率) ウ 見込み	イ 有名人 エ 信仰(心)	エ(1148)
☐ (8) brutal	ア 違法の ウ 不親切な	イ 粗い エ 残酷な	エ(1186)
☐ (9) breakup	ア 口論 イ 補償範囲 ウ (人間関係の)解消 エ (欠点などの)克服		ウ(1155)

2 下線部の語句の意味を**ア**～**ウ**から選びなさい。

☐ (1) **reconstruct** the ancient temple　　　　　ウ (1108)
　　ア を粉々に打ち壊す　イ を調べる　ウ を再建する

☐ (2) **retrieve** all the stolen jewelry　　　　　イ (1116)
　　ア を買う　　　　イ を取り戻す　ウ を手に入れる

☐ (3) a small **fragment** of glass　　　　　　　ア (1152)
　　ア 破片　　　　　イ 化合物　　　ウ（広口の）びん

☐ (4) a **biographical** film　　　　　　　　　　ウ (1184)
　　ア 心温まる　　　イ 最新の　　　ウ 伝記の

☐ (5) an **inherent** weakness in the design　　　ウ (1193)
　　ア 疑わしい　　　イ 特定の　　　ウ 固有の

☐ (6) **enlist** in the navy　　　　　　　　　　　イ (1104)
　　ア 奮闘する　　　イ 入隊する　　ウ 辞職する

☐ (7) receive a lot of nice **compliments**　　　　ウ (1146)
　　ア 援助　　　　　イ 遺産　　　　ウ 賛辞

☐ (8) an **excerpt** from the Premier's speech　　イ (1147)
　　ア 戦略　　　　　イ 抜粋　　　　ウ 観点

☐ (9) life in **contemporary** Japan　　　　　　ア (1169)
　　ア 現代の　　　　イ 中世の　　　ウ 田園（生活）の

☐ (10) **excel** at sports　　　　　　　　　　　　ウ (1114)
　　ア 協力する　　　イ 成功する　　ウ 優れている

☐ (11) **dependency** on alcohol　　　　　　　　ア (1134)
　　ア 依存　　　　　イ 予防　　　　ウ 衝動

☐ (12) an **exclusive** part of the city　　　　　　イ (1177)
　　ア 伝統的な　　　イ 高級な　　　ウ 産業の

訳 (1) 古代寺院を再建する　(2) 盗まれた全ての宝石を取り戻す　(3) ガラスの小さな破片
(4) 伝記物の映画　(5) 設計にある固有の欠陥　(6) 海軍に入隊する
(7) たくさんのうれしいお褒めの言葉をもらう　(8) 首相の演説からの抜粋　(9) 現代日本の生活
(10) スポーツに秀でている　(11) アルコールへの依存　(12) 市の高級な地区

1 次の語句の意味を**ア**~**エ**から選びなさい。

☐ (1) dismiss	ア を進呈する イ を解雇する ウ を吸収する エ を絶えず悩ます		イ (1130)
☐ (2) filthy	ア ねばねばの イ 汚い ウ 電気の エ 不活発な		イ (1190)
☐ (3) outdated	ア 時代遅れの イ 長時間の ウ 支払期限を過ぎた エ 同時に起こる		ア (1165)
☐ (4) narrative	ア 陰謀 ウ 話	イ 通信 エ 続編	ウ (1159)
☐ (5) gently	ア 簡潔に ウ 順調に	イ 優しく エ いつも	イ (1198)
☐ (6) enroll	ア (心が) 揺れ動く イ 長持ちする ウ 通学する エ 入学する		エ (1115)
☐ (7) segment	ア かけら ウ 連立	イ 部分 エ 眺め	イ (1149)
☐ (8) extravagant	ア 有限の ウ 農耕の	イ 一定した エ 浪費する	エ (1189)

2 下線部の語句の意味を答えなさい。

☐ (1) **grumble** about the long work hours
　　長時間労働について（　　　）
不平を言う
(1122)

☐ (2) suffer from severe **dehydration**
　　ひどい（　　　）に苦しむ
脱水症状 (1163)

☐ (3) win a **scholarship**
　　（　　　）を得る
奨学金 (1144)

☐ (4) **shriek** in fright
　　怖くて（　　　）
悲鳴を上げる
(1109)

☐ (5) be **valid** for six months
　　6カ月間（　　　）である
有効 (1192)

☐ (6) work **alongside** the local people
　　地元の人たち（　　　）活動する
と一緒に (1200)

☐ (7) the **drawbacks** of the plan
　　その計画の（　　　）
欠点 (1136)

☐ (8) the **modernization** of the railway system
　　鉄道網の（　　　）
近代化 (1139)

☐ (9) a **decent** job
　　（　　　）仕事
きちんとした
(1178)

☐ (10) the **serene** waters of the Adriatic Sea
　　アドリア海の（　　　）海原
穏やかな (1191)

☐ (11) the **intersection** of Main Street and Front Street
　　メイン通りとフロント通りの（　　　）
交差点 (1153)

☐ (12) the **forthcoming** event
　　（　　　）イベント
来るべき (1166)

1 音声を聞いて語句の意味を**ア~エ**から選びなさい。
(音声が聞けない場合は語句を見て選びなさい)

ア (官庁の) 局
イ ～の手段によって
ウ 雑用
エ 音響 (学) の

☐ (1)	🎧 bureau	ア (1133)
☐ (2)	🎧 chore	ウ (1162)
☐ (3)	🎧 acoustic	エ (1183)
☐ (4)	🎧 via	イ (1199)

2 音声を聞いて語句の意味を**ア~ウ**から選びなさい。
(音声が聞けない場合は語句を見て選びなさい)

☐ (1) ア 対処する イ 辞職する ウ 反逆する	🎧 resign	イ (1129)
☐ (2) ア 観点 イ 動機 ウ 目的	🎧 objective	ウ (1140)
☐ (3) ア 世論調査 イ 請求書 ウ 評議会	🎧 poll	ア (1141)
☐ (4) ア 斬新な イ 手ごろな ウ 不明瞭な	🎧 obscure	ウ (1175)
☐ (5) ア あまりに イ 単なる ウ 前もって	🎧 merely	イ (1194)
☐ (6) ア 跳ね返る イ (人が) 倒れる ウ 寄りかかる	🎧 bounce	ア (1132)
☐ (7) ア 無秩序 イ 危機 ウ 宣伝	🎧 anarchy	ア (1154)
☐ (8) ア 遺伝子の イ 消化の ウ 総計の	🎧 gross	ウ (1167)

3 音声を聞いて（　　）に適切なものを答えなさい。
（音声が聞けない場合は語句を見て答えなさい）

□ (1) 手首 (を　　)	🎧 sprain her wrist をくじく (1110)
□ (2) (　　) 植物や花	🎧 exotic plants and flowers 異国風の (1173)
□ (3) (　　) のパン	🎧 a ration of bread 割当分 (1142)
□ (4) 人々の関心 (を　　)	🎧 divert people's attention をそらす (1121)
□ (5) 税の (　　)	🎧 an exemption from the tax 免除 (1157)
□ (6) 2週間 (　　)	🎧 two weeks overdue 支払期限が過ぎて (1168)
□ (7) (　　) 素材	🎧 a durable material 耐久性のある (1180)
□ (8) 税 (　　) の減少	🎧 a decrease in tax revenues 収入 (1143)

1 次の各文の（　　　）に適する語句を**ア～ク**から選びなさい。

☐ (1) The drinking water was found to be (　　　). 飲料水は汚染されていることが分かった。	エ (1119)
☐ (2) Three people were reported missing, but their names were not (　　　). 3人が行方不明であると報告されたが，その名前は明らかにされなかった。	オ (1127)
☐ (3) The villagers (　　　) the warning to stay inside during the storm. 村人たちは嵐の間は屋内にいるようにという警告に耳を傾けた。	ア (1105)
☐ (4) Train services were (　　　) this morning due to a power failure. 停電のために，今朝は列車の運行が混乱した。	キ (1120)
☐ (5) His life was very boring and he (　　　) excitement. 彼の生活はとても退屈で，彼はわくわくするようなことを切望した。	ウ (1125)
☐ (6) He (　　　) his wife one last time before he left for the airport. 彼は空港へと向かう前に，最後にもう一度だけ妻を抱きしめた。	イ (1113)
☐ (7) She (　　　) her own best 100-meter time in the Olympic final. 彼女はオリンピックの決勝で自身の100メートルのベスト記録を上回った。	ク (1131)
☐ (8) He (　　　) all his old clothing. 彼は古い服を全部捨てた。	カ (1103)

ア heeded	イ embraced	ウ craved	エ contaminated
オ disclosed	カ discarded	キ disrupted	ク surpassed

2 次の各文の（　　　）に適する語句を**ア**〜**エ**から選びなさい。

☐ **(1)** The advantages of taking the new job far
（　　　） the disadvantages.

イ(1124)

その新しい仕事に就く利点の方が不都合な点をはるかに上回っている。

ア trespass　**イ** outweigh　**ウ** consume　**エ** distract

☐ **(2)** I have the （　　　） that everything is about to
go very wrong.

ア(1160)

私は，全てがとても間違った方向に進みそうな気がしている。

ア sensation　**イ** expense　**ウ** outbreak　**エ** feature

☐ **(3)** It was difficult to （　　　） the students' interest
until the end of the lecture.

エ(1126)

講義の最後まで学生たちの興味を持続させるのは難しかった。

ア conform　**イ** pursue　**ウ** conspire　**エ** sustain

☐ **(4)** It was very （　　　） of you to send me a
birthday card.

イ(1179)

私に誕生日カードを送ってくれるなんて，あなたはとても思いやりがある方です。

ア equivalent　　　　**イ** considerate
ウ witty　　　　　　**エ** legitimate

☐ **(5)** The young soldier showed （　　　） bravery on
the battlefield.

ウ(1187)

その若い兵士は戦場で賞賛されるべき勇敢さを発揮した。

ア appropriate　　　**イ** sturdy
ウ commendable　　**エ** vital

☐ **(6)** This pay raise is （　　　） on workers agreeing
to work on Saturdays.

ア(1171)

この昇給は，従業員が土曜出勤に合意することを条件とする。

ア conditional　　　**イ** significant
ウ stable　　　　　　**エ** supplementary

☐ **(7)** He is usually really nice, but watch out for his
bad （　　　）.

ウ(1151)

彼は普段はとてもいい人だが，機嫌が悪いときは要注意だ。

ア recipient　**イ** plot　　**ウ** temper　**エ** blow

1 次の語句の意味を**ア**〜**エ**から選びなさい。

□ 〔1〕 betray	ア を裏切る イ を中断する ウ を思い出す エ をまねる			ア (1205)
□ 〔2〕 ballot	ア 経理 ウ 指図	イ（官庁の）局 エ 投票		エ (1252)
□ 〔3〕 experimental	ア 最終の ウ 実験の	イ 行動の エ 総計の		ウ (1281)
□ 〔4〕 inaccurate	ア 不合理な ウ 不要な	イ 不正確な エ 不安な		イ (1296)
□ 〔5〕 foe	ア 敵 ウ 大群	イ 峡谷 エ 蓄え		ア (1237)
□ 〔6〕 subsidize	ア に影響を及ぼす イ に装備する ウ に逆らう エ に補助金を支給する			エ (1223)
□ 〔7〕 geometry	ア 長寿 ウ 適用範囲	イ 幾何学 エ 使い方		イ (1264)
□ 〔8〕 acceptance	ア 保険 ウ 受諾	イ 保守 エ 外観		ウ (1258)
□ 〔9〕 apprehension	ア 不均衡 ウ 承認	イ 行進 エ 不安		エ (1260)
□ 〔10〕 leftover	ア（水・空気の）流入 イ（特に食事の）残りもの ウ 強い輝き エ 死傷者数			イ (1259)

□ (11) nod	ア（頭）を軽く下げる イ を罰する ウ を返済する エ を省略する	ア (1232)
□ (12) inferior	ア 劣悪な　　イ 悲観的な ウ 不器用な　エ 嫌な	ア (1294)

2 次の語句と反対の意味を持つ語句を**ア～エ**から選びなさい。

□ (1) lenient	⇔	(　　)	エ (1271)
□ (2) adverse	⇔	(　　)	ア (1275)
□ (3) conservative	⇔	(　　)	ウ (1289)
□ (4) vague	⇔	(　　)	イ (1300)

　ア beneficial　イ clear　ウ progressive　エ severe

3 次の語句と似た意味を持つ語句を**ア～エ**から選びなさい。

□ (1) exile	≒	(　　)	エ (1236)
□ (2) publication	≒	(　　)	ア (1240)
□ (3) coincidence	≒	(　　)	ウ (1250)
□ (4) clumsy	≒	(　　)	イ (1273)

　ア issue　イ awkward　ウ accident　エ banishment

1 次の語句の意味を**ア〜エ**から選びなさい。

☐ (1) populate	**ア** に住みつく **イ** に抗議する **ウ** に服従する **エ** に遭遇する	ア (1217)
☐ (2) dweller	**ア** 独身の男性 **イ** 先駆者 **ウ** 居住者 **エ** 修士	ウ (1263)
☐ (3) outrageous	**ア** 想像上の **イ** とても危険な **ウ** 不可欠な **エ** 法外な	エ (1277)
☐ (4) ample	**ア** 好意的な **イ** 心温まる **ウ** 頑丈な **エ** 十分な	エ (1295)
☐ (5) tease	**ア** を禁じる **イ** を感知する **ウ** を遂行する **エ** をからかう	エ (1229)
☐ (6) riddle	**ア** ぜいたく (品) **イ** なぞなぞ **ウ** なまり **エ** 水ぶくれ	イ (1241)
☐ (7) improper	**ア** 不適切な **イ** 紛らわしい **ウ** 偏った **エ** 有毒な	ア (1282)
☐ (8) explosion	**ア** 水素 **イ** 爆発 **ウ** 勢い **エ** 破滅	イ (1256)

2 下線部の語句の意味を**ア**〜**ウ**から選びなさい。

- [1] **dispatch** a patrol car　　　　　　　　　　ウ (1202)
  ア をパンクさせる　イ に遭遇する　ウ を急送する

- [2] **attain** high grades　　　　　　　　　　　ウ (1219)
  ア を維持する　イ を評価する　ウ を獲得する

- [3] private **correspondence**　　　　　　　　イ (1251)
  ア 不満　　　　イ 通信　　　　ウ 評判

- [4] sell **counterfeit** goods　　　　　　　　　ア (1285)
  ア 偽造の　　　イ 営利的な　　ウ 異国風の

- [5] **amend** the constitution　　　　　　　　　ア (1204)
  ア を改正する　イ に反対する　ウ を施行する

- [6] escape religious **persecution**　　　　　　イ (1239)
  ア 基盤　　　　イ 迫害　　　　ウ 事情

- [7] an **unconditional** surrender　　　　　　イ (1284)
  ア 複数の　　　イ 無条件の　　ウ 急ぎの

- [8] a **cruel** tyrant　　　　　　　　　　　　ウ (1293)
  ア 孤独の　　　イ 寛大な　　　ウ 残酷な

- [9] **facilitate** economic growth　　　　　　ア (1214)
  ア を促進する　イ を分析する　ウ を予測する

- [10] **disposal** of toxic waste　　　　　　　　イ (1235)
  ア 施設　　　　イ 処分　　　　ウ 分量

- [11] make a **detour**　　　　　　　　　　　　ウ (1246)
  ア 試み　　　　イ 財産　　　　ウ 迂回（路）

- [12] a very **persistent** salesperson　　　　　イ (1276)
  ア 資格のある　イ 執拗な　　　ウ 説得力のある

訳 [1] パトロールカーを急送する　[2] よい成績を獲得する　[3] 個人的な通信　[4] 偽造品を売る
[5] 憲法を改正する　[6] 宗教弾圧から逃れる　[7] 無条件降伏　[8] 残酷な暴君
[9] 経済成長を促進する　[10] 有毒廃棄物の処理　[11] 迂回する　[12] とてもしつこい販売員

1 次の語句の意味を**ア～エ**から選びなさい。

☐ (1) sustainable	ア 分別のある イ 持続できる ウ 安定した エ 著しい		イ (1287)
☐ (2) accuracy	ア 深さ ウ 正確さ	イ 悲惨さ エ 丁重さ	ウ (1267)
☐ (3) deceive	ア を罰する イ を引き起こす ウ をだます エ を例示する		ウ (1221)
☐ (4) sanitation	ア (社会の) 慣習 イ (個人の) 主義 ウ 代理手数料 エ 公衆衛生 (学)		エ (1242)
☐ (5) bay	ア 入江 ウ 港	イ 鉱山 エ 絶壁	ア (1270)
☐ (6) skeptical	ア 急進的な ウ 経済的な	イ 懐疑的な エ 実践的な	イ (1278)
☐ (7) forbid	ア を推奨する イ を (より) 強くする ウ を禁じる エ を中止する		ウ (1231)
☐ (8) famine	ア 飢饉 ウ 経済封鎖	イ 普及 エ 迫害	ア (1257)
☐ (9) frustrate	ア を使い果たす イ に不満を抱かせる ウ を無視する エ を窒息させる		イ (1222)

2 下線部の語句の意味を答えなさい。

☐ (1)	the most famous **landmark** 最も有名な（　　　）	歴史的建造物(1262)
☐ (2)	**initiate** a new program 新しいプログラム（を　　　）	を始める(1215)
☐ (3)	a joint **enterprise** 合弁（　　　）	事業(1254)
☐ (4)	a lack of **diversity** （　　　）の欠如	多様性(1266)
☐ (5)	**corrupt** officials （　　　）役人	汚職(1280)
☐ (6)	**fundamental** human rights （　　　）人権	基本的(1290)
☐ (7)	**concrete** evidence to prove the theory 理論を証明する（　　　）証拠	具体的な(1292)
☐ (8)	a **democratic** government （　　　）政府	民主(1288)
☐ (9)	buildings made of **brick** （　　　）造りの建造物	れんが(1269)
☐ (10)	the **wreck** of the ship 船の（　　　）	残骸(1261)
☐ (11)	set a strict **quota** on imports 輸入に厳格な（　　　）を定める	割当量(1244)
☐ (12)	**underestimate** his sales ability 彼の営業能力（を　　　）	を過小評価する (1212)

1 音声を聞いて語句の意味を**ア～エ**から選びなさい。
(音声が聞けない場合は語句を見て選びなさい)

> ア 旅行の日程
> イ (物価・価値・数値など
>   が) 急上昇する
> ウ の興味をそそる
> エ 合法的な

□ (1)	🎧 intrigue	ウ (1227)
□ (2)	🎧 soar	イ (1228)
□ (3)	🎧 itinerary	ア (1238)
□ (4)	🎧 legitimate	エ (1279)

2 音声を聞いて語句の意味を**ア～ウ**から選びなさい。
(音声が聞けない場合は語句を見て選びなさい)

□ (1) ア 結果　　イ 能力　　ウ 不平	🎧 competence	イ (1253)
□ (2) ア 頑固な　イ 深刻な　ウ 浅薄な	🎧 stubborn	ア (1272)
□ (3) ア を採用する　イ を延長する 　　ウ を省略する	🎧 omit	ウ (1207)
□ (4) ア を感知する　イ を補強する 　　ウ を追跡する	🎧 reinforce	イ (1218)
□ (5) ア 不満　　イ 障害　　ウ 苦悩	🎧 discontent	ア (1234)
□ (6) ア 報道　　イ 巡回　　ウ 大騒ぎ	🎧 uproar	ウ (1249)
□ (7) ア 不快な　イ 不十分な 　　ウ でこぼこな	🎧 inadequate	イ (1297)

□ (8) ア を賞賛する　イ を予測する　ウ を捧げる | 🎧 dedicate | ウ (1225)

---

3 音声を聞いて（　　）に適切なものを答えなさい。
（音声が聞けない場合は語句を見て答えなさい）

□ (1) 心身の（　　）に苦しむ | 🎧 suffer from mental and physical fatigue
疲労 (1248)

□ (2) （　　）状況 | 🎧 a perilous situation
とても危険な (1274)

□ (3) その刑務所の（　　） | 🎧 the inmates of the prison
収容者 (1247)

□ (4) 協約（を　　） | 🎧 violate the terms
を破る (1209)

□ (5) 数学の期末試験で（　　） | 🎧 cheat on the final math test
カンニングをする (1220)

□ (6) 非常時に（　　） | 🎧 a standby in emergencies
頼りになるもの (1265)

□ (7) 名誉学位（を　　） | 🎧 confer an honorary degree
を授ける (1230)

□ (8) 正式な会議に（　　） | 🎧 inappropriate for a formal meeting
ふさわしくない (1298)

1 次の各文の（　　）に適する語句を**ア〜ク**から選びなさい。

☐ (1) In this biography, the ex-president is (　　) as a very weak man. この伝記では元大統領はとても弱い男として描かれている。	ウ (1201)
☐ (2) My plants all (　　) while I was away on vacation. 休暇で出かけている間に私の植物は全てしおれた。	キ (1206)
☐ (3) These two schools will be (　　) into a single institution next year. これらの2つの学校は来年，1校に統合される。	イ (1211)
☐ (4) She is (　　) to become the youngest person to sail around the world alone. 彼女は最年少で単独世界一周航海をする人物になろうと懸命に努力している。	ク (1226)
☐ (5) The newspaper (　　) the police officer as saying the investigation was now over. 新聞は，その警察官が捜査はもう終了したと述べたと伝えた。	カ (1203)
☐ (6) The prosecution (　　) that he had robbed three banks. 検察は彼が3つの銀行に強盗に入ったと主張した。	ア (1210)
☐ (7) I (　　) between feeling excited and scared about studying abroad. 私は留学に関して，興奮と恐怖の感情の間を行ったり来たりしている。	オ (1224)
☐ (8) I'm (　　) to buy everyone a Christmas present, even though I have no money. お金は持っていないが，私は全員にクリスマスプレゼントを買わざるを得ない。	エ (1233)

ア alleged	**イ** integrated	**ウ** portrayed	**エ** obliged
オ alternate	**カ** quoted	**キ** withered	**ク** endeavoring

2 次の各文の（　　　）に適する語句を**ア～エ**から選びなさい。

☐ (1) His story about being a secret agent was completely (　　　). エ (1208)

秘密諜報員であるという彼の話は，完全なでっち上げだった。

　ア retrieved　イ aligned　　ウ regarded　エ fabricated

☐ (2) I felt really (　　　) after riding on the roller coaster. ウ (1286)

私はジェットコースターに乗ってひどくめまいがした。

　ア hectic　　イ weary　　ウ dizzy　　エ vague

☐ (3) The police (　　　) the witness to a safe location. イ (1213)

警察は安全な場所まで目撃者を護衛した。

　ア associated　　　　　イ escorted
　ウ consulted　　　　　エ withdrew

☐ (4) I'm (　　　) as to when the meeting will end. ア (1299)

その会議がいつ終わるのかは私にはよく分からない。

　ア uncertain　　　　　イ integral
　ウ pessimistic　　　　エ qualified

☐ (5) They manufacture various (　　　) for different cars in this factory. イ (1243)

この工場ではさまざまな自動車のさまざまな部品を製造している。

　ア routines　　　　　イ components
　ウ crews　　　　　　エ skeletons

☐ (6) I filled my bottle with water from the (　　　). エ (1268)

私は水筒を水道の水で満たした。

　ア orbit　　イ barn　　ウ jar　　エ tap

☐ (7) The new mayor announced some very (　　　) plans to redevelop the city. イ (1291)

新市長は，市の再開発に向けた非常に野心的な計画を発表した。

　ア stable　　　　　イ ambitious
　ウ solid　　　　　エ noticeable

1 次の語句の意味を**ア**〜**エ**から選びなさい。

☐ (1) domain	ア 範囲 ウ 売却	イ 差別 エ 選択（の自由）	ア (1369)
☐ (2) quarter	ア 千年祭 ウ 生活必需品	イ 1ダース エ 4分の1	エ (1360)
☐ (3) reflect	ア のせいにする イ を反映する ウ を促進する エ を行使する		イ (1320)
☐ (4) gloomy	ア 薄暗い ウ もろい	イ 厳しい エ 迷信深い	ア (1377)
☐ (5) redundant	ア 詮索好きな イ 疑わしい ウ 不要な エ 不明確な		ウ (1386)
☐ (6) obstruct	ア を抑圧する イ を注入する ウ を3倍にする エ をふさぐ		エ (1314)
☐ (7) bait	ア 内臓 ウ 療養食	イ 誘惑物 エ 放射線	イ (1336)
☐ (8) manner	ア 方法 ウ 確信	イ 言及 エ 事柄	ア (1356)
☐ (9) fate	ア 自立 ウ 運命	イ 新婦 エ 祝宴	ウ (1365)
☐ (10) contempt	ア 軽蔑 ウ 同意	イ 貢献 エ 概念	ア (1368)

☐ (11) mutual	ア 慈善の ウ 謙虚な	イ 相互の エ 静的な	イ (1385)
☐ (12) attentive	ア 注意深い ウ 穏やかな	イ 筋の通った エ 望ましい	ア (1388)

2 次の語句と反対の意味を持つ語句を**ア〜エ**から選びなさい。

☐ (1) tender	⇔	( )	ウ (1371)
☐ (2) peculiar	⇔	( )	エ (1374)
☐ (3) slack	⇔	( )	ア (1383)
☐ (4) trivial	⇔	( )	イ (1384)

> ア tight　イ important　ウ tough　エ ordinary

3 次の語句と似た意味を持つ語句を**ア〜エ**から選びなさい。

☐ (1) deflect	≒	( )	イ (1303)
☐ (2) stare	≒	( )	ア (1318)
☐ (3) assert	≒	( )	ウ (1321)
☐ (4) deteriorate	≒	( )	エ (1325)

> ア gaze　イ divert　ウ declare　エ worsen

1 次の語句の意味を**ア**～**エ**から選びなさい。

□ (1) recede	ア 移住する イ 後退する ウ こっそり動く エ つまずく	イ (1329)
□ (2) tremble	ア 同情する イ しおれる ウ どよめく エ 震える	エ (1316)
□ (3) inclination	ア 兆候 イ 意向 ウ 利用の機会 エ 国土	イ (1366)
□ (4) coarse	ア 粗い イ えり抜きの ウ 倫理的な エ 装飾的な	ア (1381)
□ (5) premature	ア 明確な イ 限定された ウ 早過ぎる エ 潜在的な	ウ (1387)
□ (6) weed	ア 家畜 (類)　　イ 雑草 ウ さび　　　　エ 地殻	イ (1358)
□ (7) sincerity	ア 誠実　　　　イ 創造性 ウ 長寿　　　　エ 著名人	ア (1342)
□ (8) prevention	ア 外観　　　　イ 議論 ウ 予防　　　　エ 窃盗	ウ (1363)

2 下線部の語句の意味を**ア**〜**ウ**から選びなさい。

☐ ⑴ be **expelled** from school　　　　　　　　ア (1308)
　　　ア を追放する　**イ** を罰する　　**ウ** を案内する

☐ ⑵ **depict** heroes　　　　　　　　　　　　　ウ (1315)
　　　ア を目標とする　**イ** を捧げる　**ウ** を描く

☐ ⑶ the time of the Norman **Conquest**　　　　イ (1341)
　　　ア 地域　　　　　**イ** 征服　　　　　**ウ** 行進

☐ ⑷ pay a **tariff**　　　　　　　　　　　　　　イ (1343)
　　　ア 頭金　　　　　**イ** 関税　　　　　**ウ** 身代金

☐ ⑸ a **genuine** Picasso　　　　　　　　　　　ア (1375)
　　　ア 本物の　　　　**イ** 至高の　　　　**ウ** 偽の

☐ ⑹ a fine example of **medieval** art　　　　　ウ (1378)
　　　ア 際立った　　　**イ** 現代的な　　　**ウ** 中世の

☐ ⑺ **smash** into pieces　　　　　　　　　　　イ (1331)
　　　ア 交渉をする　**イ**(粉々に)壊れる　**ウ** 腐る

☐ ⑻ an expert on international **affairs**　　　　ア (1347)
　　　ア 事情　　　　　**イ** 機関　　　　　**ウ** 条約

☐ ⑼ be **invisible** to the naked eye　　　　　　ウ (1398)
　　　ア 信じられない　**イ** 景色のよい　**ウ** 見えない

☐ ⑽ sign a **petition**　　　　　　　　　　　　ア (1337)
　　　ア 請願(書)　　　**イ** 申請書　　**ウ**(必要)書類

☐ ⑾ handle with **caution**　　　　　　　　　　イ (1362)
　　　ア 確信　　　　　**イ** 用心　　　　　**ウ** 見識

☐ ⑿ a pack of **fierce** dogs　　　　　　　　　ア (1373)
　　　ア どう猛な　　　**イ** 元気な　　　　**ウ** 多数の

訳 ⑴ 学校を退学させられる　⑵ 英雄を描く　⑶ ノルマン征服の時代　⑷ 関税を払う
⑸ 本物のピカソの絵　⑹ 中世美術の素晴らしい例　⑺ 粉々に割れる　⑻ 国際情勢の専門家
⑼ 肉眼では見えない　⑽ 請願書に署名する　⑾ 用心して取り扱う　⑿ どう猛な犬の集団

1 次の語句の意味を**ア**~**エ**から選びなさい。

☐ ⑴ humble	ア 残酷な イ 卑怯な ウ 頑固な エ 謙虚な	エ (1382)
☐ ⑵ reptile	ア 逆説 イ 腎臓 ウ 爬虫類 エ 微生物	ウ (1364)
☐ ⑶ confess	ア 集まる イ 曲がる ウ 引っ込む エ 白状する	エ (1317)
☐ ⑷ command	ア 描写 イ 命令 ウ 誘因 エ 投票	イ (1359)
☐ ⑸ amazing	ア めまいがする イ 勇敢な ウ 驚くべき エ 変わりやすい	ウ (1395)
☐ ⑹ scorn	ア 軽蔑 イ 陶器類 ウ 悪習 エ 交換	ア (1367)
☐ ⑺ pillar	ア れんが イ 柱 ウ 結び目 エ 束	イ (1370)
☐ ⑻ burden	ア 熱中 イ 維持 ウ 論争 エ 負担	エ (1352)
☐ ⑼ amuse	ア を指し示す イ を確定する ウ を楽しませる エ を停止させる	ウ (1333)

2 下線部の語句の意味を答えなさい。

☐ (1) have an **allergy** to peanuts ピーナッツに対して(　　　)がある	アレルギー (1349)
☐ (2) make several **persuasive** arguments いくつか(　　　)主張をする	説得力のある (1391)
☐ (3) a **vicious** attack (　　　)襲撃	凶悪な(1397)
☐ (4) **summon** the palace guards 宮殿の護衛(を　　　)	を呼び出す (1307)
☐ (5) <u>falsify</u> some important documents 一部の重要書類(を　　　)	を偽造する (1313)
☐ (6) demand a **ransom** of two million dollars 200万ドルの(　　　)を要求する	身代金(1338)
☐ (7) <u>subtle</u> differences in color (　　　)色の違い	微妙な(1379)
☐ (8) <u>rotten</u> mushrooms (　　　)マッシュルーム	腐った(1400)
☐ (9) <u>eject</u> the CD from the player プレーヤーからCD(を　　　)	を取り出す (1312)
☐ (10) **overhaul** the public healthcare system 公的保健医療制度(を　　　)	を徹底的に見直 す(1334)
☐ (11) a <u>herd</u> of sheep 羊の(　　　)	群れ(1335)
☐ (12) the **destruction** of the rain forests 熱帯雨林の(　　　)	破壊(1350)

1 音声を聞いて語句の意味を**ア〜エ**から選びなさい。
（音声が聞けない場合は語句を見て選びなさい）

ア 芳香
イ 資格のある
ウ （発展途上国などの）
　　小作人
エ ばつの悪い

☐	(1)	🎧 fragrance	ア (1339)
☐	(2)	🎧 peasant	ウ (1351)
☐	(3)	🎧 awkward	エ (1372)
☐	(4)	🎧 eligible	イ (1396)

2 音声を聞いて語句の意味を**ア〜ウ**から選びなさい。
（音声が聞けない場合は語句を見て選びなさい）

☐ (1)	ア 機械的な　イ 包括的な　ウ 不可欠な	🎧 integral	ウ (1389)
☐ (2)	ア 範囲　イ 措置　ウ 現象	🎧 sphere	ア (1345)
☐ (3)	ア 明らかになる　イ 期限が切れる　ウ 流布している	🎧 prevail	ウ (1311)
☐ (4)	ア 痛む　イ 飢える　ウ 吐く	🎧 ache	ア (1319)
☐ (5)	ア 種類　イ 見識　ウ 草稿	🎧 insight	イ (1340)
☐ (6)	ア 戦術　イ 兵器　ウ 頻度	🎧 tactics	ア (1354)
☐ (7)	ア 傲慢な　イ 疲れ果てた　ウ 厳格な	🎧 rigid	ウ (1380)